essentials

essentials liefern aktuelles Wissen in konzentrierter Form. Die Essenz dessen, worauf es als „State-of-the-Art" in der gegenwärtigen Fachdiskussion oder in der Praxis ankommt. *essentials* informieren schnell, unkompliziert und verständlich

- als Einführung in ein aktuelles Thema aus Ihrem Fachgebiet
- als Einstieg in ein für Sie noch unbekanntes Themenfeld
- als Einblick, um zum Thema mitreden zu können

Die Bücher in elektronischer und gedruckter Form bringen das Expertenwissen von Springer-Fachautoren kompakt zur Darstellung. Sie sind besonders für die Nutzung als eBook auf Tablet-PCs, eBook-Readern und Smartphones geeignet. *essentials:* Wissensbausteine aus den Wirtschafts-, Sozial- und Geisteswissenschaften, aus Technik und Naturwissenschaften sowie aus Medizin, Psychologie und Gesundheitsberufen. Von renommierten Autoren aller Springer-Verlagsmarken.

Weitere Bände in der Reihe http://www.springer.com/series/13088

Angelika Kutz

Double-Bind-Kommunikation als Burnout-Ursache

Ein Theorie-Vorschlag
zu Auswirkungen toxischer
Kommunikation in Organisationen

2., vollständig überarbeitete und erweiterte
Auflage

Angelika Kutz
Praxis für Mediation & Coaching
Hannover, Deutschland

OnlinePlus Material zu diesem Buch finden Sie auf
http://www.springer.com/978-3-658-21917-8

ISSN 2197-6708 ISSN 2197-6716 (electronic)
essentials
ISBN 978-3-658-21916-1 ISBN 978-3-658-21917-8 (eBook)
https://doi.org/10.1007/978-3-658-21917-8

Die Deutsche Nationalbibliothek verzeichnet diese Publikation in der Deutschen Nationalbiblio-
grafie; detaillierte bibliografische Daten sind im Internet über http://dnb.d-nb.de abrufbar.

Gedruckt auf säurefreiem und chlorfrei gebleichtem Papier

Springer ist ein Imprint der eingetragenen Gesellschaft Springer Fachmedien Wiesbaden GmbH
und ist ein Teil von Springer Nature
Die Anschrift der Gesellschaft ist: Abraham-Lincoln-Str. 46, 65189 Wiesbaden, Germany

Was Sie in diesem *essential* finden können

- *Mögliche Erklärungen, wieso immer mehr Mitarbeiter physisch, psychisch oder psycho-somatisch erkranken bzw. entnervt aus dem Arbeitsleben aussteigen.*
- Vermutungen, wie sich *toxische paradoxe Double Bind-Kommunikation auf Mitarbeiter und Unternehmen auswirken* und *beide existenziell gefährden kann.*
- Die wissenschaftliche Basis dazu.

Inhaltsverzeichnis

Einleitung

Um herauszufinden, wie sich paradoxe Double Bind-Kommunikation auf Mitarbeiter und Organisationen auswirkt, habe ich Menschen im Arbeitskontext im Wege einer qualitativen Untersuchung befragt. Die dabei entstandenen Überlegungen stelle ich hier zur Diskussion.

Untersuchungsanlass waren *meine Beobachtungen als psychologischer Berater, Mediator und Coach*, dass „Burnout" oft bei bestimmten organisationalen Kommunikations- und Interaktionsstrukturen bzw. Führungsmustern sowie einer diffusen Gemengelage aus Angst-, Unsicherheits- und Beklemmungsgefühlen bei den Klienten vorlag, welche sich bei diesen in chronischen Erschöpfungs- und traumafolgenähnlichen psychischen Belastungszuständen äußerten und Beratungsanlass waren.

www.mediation-coaching-hannover.de

kontakt@coaching-per-mediation.de

Angelika Kutz

Foto: Corinna Perrevoort

Allen Unterstützern dieses *Essentials* ganz herzlichen Dank!

© Springer Fachmedien Wiesbaden GmbH, ein Teil von Springer Nature 2018
A. Kutz, *Double-Bind-Kommunikation als Burnout-Ursache,* essentials,
https://doi.org/10.1007/978-3-658-21917-8_1

Theorie-Hintergrund 2

Wissenschaftliche Basis der Untersuchung sind die *Doppelbindungstheorie,* die *Bindungstheorie, das Modell der doppelten Handlungsregulation bei Persönlichkeitsstörungen, Erklärungsansätze zu Burnout* und das Konzept *Organizational Burnout.*

2.1 Doppelbindungstheorie (Double Bind Theory)

Diese Theorie wurde 1956 von Bateson et al. beschrieben, nachdem sie das entsprechende Kommunikations- und Interaktionsmuster „**Doppelbindung**" (**Double Bind**) im familientherapeutischen Kontext im Umfeld von Schizophreniekranken beobachtet hatten. Sie bezeichnen Double Bind als hoch-dysfunktional und „verrücktmachend" *(crazy-making).*

Double Bind-Elemente
Double Bind entsteht bei *existenziellen Abhängigkeits-Verhältnissen* zwischen Personen, z. B. Familien, in welchen es notwendig ist, Botschaften richtig zu entschlüsseln.

Doppelbindungen *(Double Binds)* sind *inkongruente Botschaften,* bei welchen sich entweder die verbale und non-verbale Ebene widerspricht (eine traurige Botschaft wird mit fröhlich-freudiger Körpersprache vermittelt oder umgekehrt), oder sich gegenseitig ausschließende Handlungsanweisungen angeordnet werden. Beide Anordnungen werden mit einer Sanktionsdrohung versehen. Dadurch hat der Double Bind-Verwender die Möglichkeit, den Adressaten für jedes Verhalten zu rügen oder abzustrafen.

© Springer Fachmedien Wiesbaden GmbH, ein Teil von Springer Nature 2018
A. Kutz, *Double-Bind-Kommunikation als Burnout-Ursache,* essentials,
https://doi.org/10.1007/978-3-658-21917-8_2

Beispiel: *Wasch mir den Pelz, aber mach mich nicht nass!* Egal, welcher Auftrag erfüllt wird, der Handelnde verstößt zwangsläufig gegen die zeitgleich angewiesene zweite Handlungsaufforderung mit der Konsequenz, dass er es nur falsch machen kann.

Der **Double Bind-Adressat kann die Situation weder verlassen** noch darf er die Double Bind-induzierte, gleichzeitige Undurchführbarkeit beider Botschaften thematisieren *(Verbot von Metakommunikation)*.

Bei dauerhafter Exposition verursacht die habituelle Bestrafungserfahrung durch Double Bind eine traumatisierende psychische Belastung und *internalisierte mentale Dauer-Anspannung.*

Weiterentwicklungen

Watzlawick et al. (2011) spezifizieren die Folgen paradoxer Handlungsanweisungen dahingehend, dass es *nur Scheinalternativen* gibt, und der Double Bind-Empfänger sich jederzeit dem Vorwurf ausgesetzt sieht, er sei entweder *dumm*, weil unfähig, richtig zu verstehen; *aufsässig*, weil er gerade die andere als die verlangte Botschaft umgesetzt hat oder die Widersprüchlichkeit der Anordnungen thematisiert; oder *verrückt*, weil nicht der Lage, die Realität des Senders in dessen zu erahnendem Sinne „richtig" wahrzunehmen. Im Nachhinein kann dem Empfänger immer vorgeworfen werden, gerade die falsche Anordnung ausgeführt zu haben. Egal, was er tut, er kann immer nur verlieren (Schulz v. Thun 2016).

Die Ergebnisverantwortung liegt so immer beim Empfänger, weil gegen jede der Handlungsaufforderung automatisch und zwangsläufig verstoßen werden *muss,* was dem Double Bind-Verwender Macht über den anderen gibt (Kutz 2016).

Ein einmal eingeübtes und verfestigtes Double Bind-Muster verfestigt sich so, dass der Double Bind-Adressat sein Verhaltensrepertoire schon präventiv einschränkt und flexible Interaktionsmuster verloren gehen (Visser 2007).

In einer von Smith (1976) vorgelegten Studie wurde ein *aggravierender Effekt von Double Bind-Kommunikation auf den Beklemmungslevel von gesunden Normalen festgestellt.*

Die Versuchspersonen wurden entweder den widersprüchlichen Botschaften alleine oder dem Bestrafungsszenario alleine oder einer Kombination aus beidem (= alle Double Bind-Komponenten) ausgesetzt. Das höchste Beeinträchtigungsniveau ergab sich für die Kombinationsvariante. Parallel dazu wurde festgestellt, dass sich diejenigen, welche entweder nur den paradoxen Botschaften oder nur dem Bestrafungsszenario ausgesetzt waren, in der Lage waren, sich der Situation anzupassen; **diejenigen aus der kombinierten Double Bind-Vollvariante konnten dies nicht.** Diese Vollvarianten-Teilnehmer verließen das Experiment mit offensichtlichen Verärgerungsgefühlen oder entschuldigten sich übermäßig für ihre Unfähigkeit zu „korrekten" Antworten, was auch nach Aufdecken der Versuchsmechanismen anhielt.

Analogie für Organisationen
Zwar entstammt das Konzept *Double Bind* dem familientherapeutischen Kontext, kann aber allgemein als dysfunktionale Interaktion in Abhängigkeitsbeziehungen betrachtet und auf den Organisationskontext übertragen werden, weil auch dort das richtige Entschlüsseln von Botschaften überlebensnotwendig ist.

2.2 Bindungstheorie

Die Bindungstheorie geht auf Bowlby und Ainsworth zurück und besagt, dass Säuglinge innerhalb ihres ersten Lebensjahres eine starke emotionale Bindung zu ihren Bezugspersonen entwickeln (Cierpka 2012).

Es wird zwischen **Bindungssystem** bzw. **Fürsorgesystem** (Synonym: Bindungseinstellung) differenziert. Bei Bedrohung wird das *Bindungssystem* seitens des Kindes aktiviert, bei Eintreten des Schutzzustandes deaktiviert; das *Fürsorgesystem* der Bezugspersonen speist sich aus ihren eigenen Fürsorgeerfahrungen und legt deren Fürsorgeverhalten fest.

Die *Bindungstheorie* differenziert zwischen **sicherer und unsicherer Bindung** (Lohaus und Vierhaus 2015).

Sicher gebundene Kinder haben die Erfahrung gemacht, sich auf die Unterstützung durch die Bindungspersonen verlassen zu können, weil diese über einen hohen Grad an Feinfühligkeit gegenüber den Signalen der Kinder verfügen, was sie im Fürsorgesystem als *sicher-autonom* qualifiziert (Cierpka 2012), weil sie dem Nachwuchs Autonomie und eigene Bedürfnisse zugestehen, auf welche sie einfühlsam in der richtigen Weise reagieren. **Unsichere Bindung** wird unterteilt in den A-Typ *(unsicher-vermeidend)*, den C-Typ *(unsicher-ambivalent)* und den D-Typ, was für *desorganisiert* steht. Mit dem D-Typ korrespondiert zum einen die *Bindungseinstellung unresolved* der Eltern mit unverarbeiteten Traumaerfahrungen (Cierpka 2012), zum anderen ist Double Bind mit seiner ohnmachtverursachenden lose-lose-Situation diesem D-Typ zugeordnet, weil bei Double Bind die Bindungsperson, welche zwecks Schutzsuche aufgesucht wird, gleichzeitig die Quelle der Bedrohung darstellt (Buchheim 2013), was zwar wohl nur zufällig, aber wegen des Anfangsbuchstabens *D* (**D**-Typ, **d**esorganisiert, **D**ouble Bind) besonders passend ist.

Eltern mit der *Bindungseinstellung unresolved übertragen unverarbeitete traumatische Erfahrungen der Vorgeneration unbewusst jeweils auf das Kind.* Die eigene Rollenunklarheit der Vorgeneration setzt sich so über ihre innere Haltung gegenüber sich selbst und anderen fort und äußert sich in weiterer Folge in Form inkongruenten Kommunikations- und Interaktionsverhaltens, dem *Double Bind.* Dies hat Auswirkungen auf die Bindungsmuster der Nachkommen, also den *Bindungstyp der Kinder* dieser Eltern mit der unverarbeiteten eigenen Traumaerfahrung. Die jeweilige Kindergeneration entwickelt, anders als sicher gebundene Kinder, *kein* gesundes Urvertrauen (nach Erickson) bzw. Selbst-Vertrauen, und damit wird das mangelnde Selbstwertgefühl bzw. das verletzte Selbstbewusstsein der traumatisierten Elterngeneration transgenerationell an die nachfolgende(n) Generation(en) weitergegeben (Geddes 2012) – so es nicht durch andere Bezugspersonen kompensiert wird.

Das ausgeprägte Kontrollverhalten des Double Bind-Musters bzw. die zu frühe, unbewusste Verantwortungsübernahme führt in vielen Fällen zu einer Rollenumkehr (*Parentifizierung*; Cierpka 2012), was bewirkt, dass sich Kinder in einer für ihre Entwicklung ungesunden Verantwortungs- und Versorgungs- bzw. Fürsorgerolle für ihre Eltern wiederfinden, was sie überfordern muss, weil es an sich umgekehrt sein müsste, und in ihre Autonomie als eigenständige Person im Reifungsprozess eingreift.

Zwar hängt es von den individuellen Coping-Strategien eines Betroffenen ab, ob eine objektive Traumatisierung auch subjektiv in eine solche mündet. Legt man andererseits ausschließlich die objektiven Traumatisierungskriterien nach ICD-10 bzw. DSM-5 zugrunde (ICD = Internationale statistische Klassifikation der Krankheiten und verwandter Gesundheitsprobleme; DSM = Diagnostic and Statistical Manual of Mental Disorders), werden manche festzustellenden Traumatisierungsfolgen nur bei einer Gleichstellung von psychischer Schädigung mit objektiver Gewalterfahrung erklärlich. Auch im Falle psychischer Gewalt wird die emotionale Bindung zur Bezugsperson massiv gestört und mündet in ängstlichem Verhalten, Misstrauen und allgemeinen Beziehungsschwierigkeiten, deren Verunsicherungsfolge negative Auswirkungen auf den Selbstwert dieses Heranwachsenden hat, was sich in Dysregulationen bei der **Selbstwertregulation** und einem **erschwerten Umgang mit äußeren Stressoren** äußert (Sack et al. 2012).

2.3 Persönlichkeitsstörungen

Das *Modell der doppelten Handlungsregulation* (Sachse 2000; Sachse und Collartz 2015) geht von den *sechs Beziehungsmotiven*

- *Anerkennung*
- *Wichtigkeit*

- *Solidarität*
- *Verlässlichkeit*
- *Autonomie*
- *Grenzen / Territorium*

aus, welche in Beziehungen zu anderen befriedigt werden soll(t)en, um für eine gesunde Entwicklung in balancierter Weise während des Heran-Reifungsprozesses zu sorgen und welche, je nach ihrem „Befriedigungsgrad", in *Hierarchie* zueinander stehen. Das am wenigsten befriedigte Motiv bleibt in dieser Hierarchie ganz oben und damit vordergründig handlungsbestimmend. Meist wirken in Interaktionen mehrere Beziehungsmotive gleichzeitig.

Ausbalancierte Beziehungsmotive führen zu *authentischem Verhalten* und *transparenten Interaktionen.*

Bei Verschleierung interaktionaler Ziele bleibt dem Interaktionspartner verborgen, worum es der intransparent handelnden Person „eigentlich" bzw. wirklich geht (sog. *Spielebene*).

Die dazwischenliegende *Ebene der Schemata* besteht aus *Selbst-Schemata (Annahmen über das Selbst)* und *Beziehungs-Schemata (Annahmen über Beziehungen)*. Personen machen in ihrer Kindheit und Jugend Erfahrungen zu ihren Beziehungsmotiven. Je nach erhaltenem positivem oder negativem Feedback führen diese zu entsprechenden Selbst- und Beziehungsschemata. Dauerhafte Erfahrungen wie z. B. keine ausreichende Anerkennung zu bekommen, verfestigen sich zu bestimmten Selbst- und Beziehungsannahmen, z. B. *in Beziehungen wird man abgewertet, Beziehungen sind nicht verlässlich,* welche später auf alle weiteren Außenbeziehungen im Verlauf ihres Lebens übertragen werden – private Kontakte, Partnerschaft, Arbeitswelt.

Diese Schemata führen zu negativen Erwartungen und Situationensinterpretationen sowie Negativ-Affekten. Sie rufen interaktionell hoch automatisierte, „hyperallergische" Reaktionen auf objektiv minimale Anlässe hervor, weswegen sie so dysfunktional sind (Collartz und Sachse 2011). Für die Betroffenen zusätzlich unbewusst unbefriedigend ist, dass sie lediglich Feedback für ihre Handlungen bekommen, nicht aber für sich selbst als Person bzw. das ihnen eigentlich so wichtige Beziehungsmotiv.

Gemeinsamer Antrieb all dieser Störungsbilder ist also, die in der Entwicklung entbehrte, darum aber umso sehnlicher erwünschte Beziehungsmotiv-Befriedigung, letztlich Liebe und Fürsorge zu erhalten (Sachse 2000).

Überblick

Die *Kern-Ursache* von *Persönlichkeitsstörungen* liegt für mich *in einer Selbstwertproblematik.*

Das verletzte und dadurch labile, sich „nur" nach bedingungsloser Akzeptanz sehnende Selbstbewusstsein, soll vor (weiteren) Verletzungen geschützt werden.

Dadurch steht das Verhalten von Persönlichkeitsgestörten in einem *permanenten Spannungsverhältnis* zwischen ihrem *inneren verletzten* und – unbewusst – als ungenügend empfundenen *Selbstbild und* dem *nach außen aufrechtzuerhaltenden Fremdbild,* welches sie unbewusst als heil und positiv, so wie sie von anderen gesehen werden wollen, aufrechterhalten wollen.

Das **narzisstische Persönlichkeitsstörungsbild** ist nur unter F 60.8 *Sonstige Persönlichkeitsstörungen* im ICD-10 verzeichnet und keine eigenständige Diagnose. *Anerkennung, Autonomie, Wichtigkeit* und *Solidarität* sind die entscheidenden Beziehungsmotive (Sachse et al. 2011). Deren Vertreter verprellen ihre Interaktionspartner durch ausgeprägte Egozentrik, was sich für diese stark gesundheitsschädlich auswirken kann (Sachse und Collartz 2015).

Zwanghaft veranlagte Personen im Sinne der Diagnose in F 60.5 ICD-10 sind stark normorientiert und aufgrund eines hohen Sicherheitsbedürfnisses risikoavers (Sachse und Collartz 2015). Vorrangige Beziehungsmotive sind *Autonomie* und *Anerkennung.*

Die **Psychopathische Persönlichkeitsstörung** ist weder im ICD-10 noch im DSM-5 als eigenständige Diagnose verzeichnet. Sie wird lediglich jeweils unter F 60.2 als Unterpunkt zur dissozialen / antisozialen Persönlichkeitsstörung genannt. Diese Personen haben fast *keine für ein gedeihliches Zusammenleben notwendigen sozialen Normen bzw. Regeln verinnerlicht* (Sachse und Collartz 2015). Weil sie Grundsätze wie z. B. *schädige andere nicht, beeinträchtige sie nicht; sei hilfreich, solidarisch und unterstützend für andere* nicht kennen, steht den Psychopathen auch *kein sie hinderndes Wertesystem* entgegen. Dies ermöglicht ihnen, andere skrupellos auszubeuten, Intrigen zu spinnen, anderen zu schaden und dabei selbst völlig unbeeinträchtigt und emotional unbeteiligt zu bleiben.

Sogenannte *erfolgreiche Psychopathen* schaffen es, sich sozialen und gesetzlichen Normen soweit anzupassen, dass sie dem Gefängnis entgehen, und erkennen (kognitiv), was von ihnen erwartet wird, weswegen sie sich durch entsprechende Selbstkontrolle anpassen können. Kombiniert mit ihrem gewinnenden und vereinnahmenden, oberflächlich-gerissenen Charme nutzen sie mithilfe ihrer hochmanipulativen Veranlagung andere skrupel- und rücksichtlos für ihre eigenen Zwecke aus und missbrauchen sie.

Kraft ihrer Fähigkeit, sich mit allen Ressourcen auf eine Aufgabe zu fokussieren, und häufig hohen Intelligenz können sie ihre Aktivitäten tarnen und gleichzeitig in beruflichen Systemen extrem erfolgreich werden, sogar noch erfolgreicher als Narzissten. Wie bei Narzissten sind die im Vordergrund stehenden *Beziehungsmotive Anerkennung* und *Autonomie* (Sachse und Collartz 2015).

Seine häufig übertrieben positiven *Selbstannahmen* wie *ich bin sehr erfolgreich, hoch-intelligent, extrem leistungsfähig; ich kann alles schaffen, alle Hindernisse überwinden* etc. ermöglichen dem Psychopathen eine *hohe Selbst-Effizienz-Erwartung* und dies durch die Abwesenheit eines parallelen negativen Selbst-Schemas (wie es der Narzisst noch aufweist) frei von Selbstzweifeln bzw. Kritik-Empfindlichkeit, weswegen Kritik an ihm abprallt. Mangels moralischer Gewissensnormen glaubt er, niemandem Rechenschaft über sein Verhalten schuldig zu sein, was ihm umfassende Handlungsfreiheit ermöglicht (Sachse und Collartz 2015).

Ein Psychopath „braucht" *Beziehungen nur*, **um** mit ihrer Hilfe *seine eigenen Ziele zu erreichen*. Beziehungen sind nach seinen *Beziehungsannahmen ausschließlich unter Nützlichkeitsgesichtspunkten relevant: andere lassen sich manipulieren und ausbeuten*. Sie führen zu diesem Zweck andere gerne vor, machen sie klein, geben sie der Lächerlichkeit preis. Psychopathen sind ausschließlich an ihren eigenen Ziele ausgerichtet und werden angetrieben von Überzeugungen wie: *Sei erfolgreich, der Beste! Mach was aus Deinem Leben!* (Sachse und Collartz 2015). Dies führt zu ihrer hohen Leistungsmotivation und infolgedessen ihren, mit meist hoher Machtfülle, großem Status sowie hohem gesellschaftlichen Ansehen und Reichtum ausstattenden Positionen in Organisationen.

Weitere Überzeugungen des Psychopathen lauten: *Andere haben zu tun, was ich sage, mir zuzuarbeiten, ihr Bestes zu geben, sich nicht anzustellen und einiges auszuhalten.* Psychopathen verachten sogenannte Weicheier und erwarten, dass andere Kritik genauso wegstecken können wie sie selbst (Sachse und Collartz 2015).

Mit Hilfe von effektiven Strategien wie Schmeicheln, Sympathisch-Wirken oder auch Drohungen und Einschüchterungen sind *Psychopathen Meister der Manipulation*, zu deren Zweck sie eine *etwaig vorhandene Empathie wirksam willentlich abschalten können*, um andere ausschließlich zu ihrem eigenen Nutzen austricksen und ausbeuten zu können (Sachse und Collartz 2015).

2.4   Subklinischer Psychopath in Organisationen, unethische toxische Führung und Dunkle Triade

Die zunehmende Recht- und Gesetzlosigkeit sowie unethischen Entscheidungen im globalen Wirtschaftsgeschehen führen zu einer vertieften wissenschaftlichen Auseinandersetzung mit *unethischer Führung* (Brown und Mitchell 2015; Schilling und May 2015) und werden vor allem mit der Anwesenheit von Psychopathen in der entsprechenden Organisation in Verbindung gebracht (Stevens et al. 2012). *Die für Psychopathie typische Gewissenlosigkeit* ist kennzeichnend für den *erfolgreichen* bzw. *subklinischen Psychopathen (Corporate Psychopath)* – auch: *Industrial / Executive Psychopath, Organisational Sociopath, Destructive Leader* – (Boddy 2011a), welcher als Synonym für skrupellose, andere zur Erreichung ausschließlich ihrer *eigenen* Ziele rücksichts- und gewissenlos manipulierenden und ausnutzenden sowie alle menschlichen, finanziellen, rohstoffbasierten und strategischen Organisationsressourcen missbrauchenden Führungs- / Mitarbeiter verwendet wird.

Dieser weist mit oberflächlichem Charme, Gewandtheit, Egozentrik, Furchtlosigkeit und gute Netzwerkfähigkeiten sämtliche Persönlichkeitscharakteristika des Psychopathen auf, was ihn besonders in Organisationen erfolgreich macht (Lilienfeld et al. 2015; Babiak et al. 2010). Dieser Typus wird speziell von Karrieren mit hohem Machtversprechen (Babiak et al. 2007), Status und monetärem Gewinn angezogen, weswegen sie manche Autoren auch als wesentlich an der weltweiten Finanzkrise beteiligt ansehen (Boddy 2011b).

Corporate Psychopaths sind *ausschließlich* an *Selbstgratifikation* und nicht an längerfristigem Organisationserfolg interessiert, sondern *arbeiten ausschließlich wegen der Macht, des Geldes und Prestiges.* Das *Schicksal von Kollegen, Mitarbeitern und* der sie bezahlenden *Organisation ist für sie irrelevant* (Boddy et al. 2010).

Dadurch sind sie *für Organisationsangehörige übelwollende und bösartige, herzlose und gefühlskalte Führungskräfte*, welche die Bedürfnisse anderer ignorieren, lügen, tyrannisieren, manipulieren und sogar betrügen (Boddy 2011a). Unter Führungskräften mit diesem Psychogramm arbeitende Mitarbeiter fühlen sich mit ihrer Arbeit nicht anerkannt, nicht gewertschätzt und unzureichend für ihre Arbeitsleistung entschädigt (Boddy et al. 2010b). Das *Mitarbeiter-Wohlbefinden* (Giacalone und Promislo 2010) und die *Arbeitszufriedenheit* leiden dadurch erheblich (Boddy und Taplin 2016). Stressbedingte Konflikte sowie kontraproduktives Arbeitsverhalten nehmen laut Boddy (2014) bei hoher Anzahl von Corporate Psychopaths in einer Organisation zu.

Corporate Psychopaths setzen häufig schikanierende Führung *(Bullying)* bzw. *Unfaire Führung (Unethical / Toxic Leadership)* mit unethischen Verhaltensweisen wie Sarkasmus, Herabwürdigungen, bewusst eingesetzte Arbeitsüberlastung und Unverschämtheiten ein, weil sie Spaß an der Verletzung und Erniedrigungen anderer haben, und Verwirrung, Chaos und Angst zwecks Verschleierung ihrer eigenen Aktivitäten sowie Macht- und Kontrolleperpetuierung schüren (Boddy 2011b). *Toxische Bullying Bosses* sind zunehmend in westlichen kapitalistischen Gesellschaften, für welche Sinn (2010) den Begriff *Casinokapitalismus (Casino Capitalism)* verwendet, zu beobachten (Boddy et al. 2015).

Dies *führt* zu einer Atmosphäre der Angst (Furnham 2008), Rollenkonflikten, Ambiguitäten sowie einer *toxischen Arbeitsumgebung mit sinkender Produktivität* (Harvey et al. 2009) und *extremem Missmanagement* – ablesbar an schlechtem Personalmanagement, richtungsloser Führung sowie Ressourcen-Missmanagement bis hin zu Betrug (Boddy et al. 2015).

Dadurch, dass sie *schlecht organisierte, die Produktivität schädigende Manager* (Harvey et al. 2006) sind, *gefährden* sie *die Geschäftsperformance und Langlebigkeit der sie beschäftigenden Organisation* (Boddy 2005).

Speziell die neuen, flexiblen *Matrixorganisationsstrukturen sind ein guter Nährboden für sie*. Dort wirken sie von mehreren Seiten gleichzeitig auf die Mitarbeiter ein. Sie beuten Kollegen aus und schaden durch Untergrabung von Moral und das Schüren von Konflikten dem Unternehmen.

Eine noch größere Gefahr stellt die Persönlichkeitsstruktur der *Dunklen Triade (Dark Triad) bei (Führungs-) Mitarbeitern* dar. Dies ist eine Kombination aus narzisstischer, machiavellistischer (also mit Intrigen zwecks eigenen Sieges arbeitend; Furtner 2017) und psychopathischer Persönlichkeitsstörung (Paulhus und Williams 2002). Auch *zwischen Dunkler Triade* und *Qualitätsverlust der Arbeitsleistung* sowie *Anstieg kontraproduktiven Verhaltens* besteht laut einer Metaanalyse (O'Boyle et al. 2012) ein *Zusammenhang*.

Die Untersuchungen zu den sog. *tyrannisierenden Führungskräften* umfassen vermutlich sowohl den „reinen" psychopathischen Stil als auch die Dunkle Triade. Beide *scheinen* ideale Führungs-Mitarbeiter zu sein, in Wirklichkeit missbrauchen sie aber sämtliche Ressourcen, einschließlich der Mitarbeiter, verursachen Anspannungs- und Konfliktlagen, Disharmonie und schädigen die gesamte Organisation (Babiak et al. 2007). Diese Problematik wird dadurch verschärft, dass *das ausgefeilte Manipulationskönnen* sowohl des Narzissten als auch ganz speziell des subklinischen Psychopathen seitens der einstellenden Organisationsrepräsentanten *mit Führungsfähigkeiten verwechselt* wird und diese durch die falschen Versprechungen und unrealistischen, später als großspurige Illusionen entlarvte Großartigkeitsfantastereien solch toxischer Psychogramme verführt werden (Lipman-Blumen 2005). Dadurch können psychopathische (Führungs-)

Mitarbeiter eine Organisation infiltrieren und sogar an sich gesunde Strukturen von innen heraus zersetzen und zerstören (Singh 2008). Dies liegt auch an der immer noch üblichen Führungsdefinition. Nach Drouillard und Kleiner (1996) fehle darin die Erwähnung von Werten, Ethik, Moral etc. Sie stellen daher die **Antipoden** *effektive vs. gute Führung* auf und *werben für eine Definitionserweiterung um die Komponenten Integrität, Ehrlichkeit, Fairness und Humanität*, in welcher neben einem moralischen Kern auch die Fürsorge für sich selbst und andere sowie die Gesellschaft mitschwingt.

Solange Organisationen ihre Infiltration durch bereits bei Organisationseintritt in dieser Weise aufgrund von Persönlichkeitsstörungen vorbelastete, toxische und dadurch dysfunktionale Führungskräfte zulassen, entfalten die beschriebenen Mechanismen eine fatale Wirkung auf Mitarbeiter sowie die gesamte Organisation wegen der in alle Organisationsbereiche diffundierenden Toxizität (Goldman 2006).

Solch toxisches Führungspersonal ist kostspielig, weil es Individuen, Gruppen und Organisationen zerstört (Lipman-Blumen 2005). Dies passiert vor allem durch schädigende Auswirkungen des toxischen Führungsverhaltens *auf* sowohl das *psychologische Wohlbefinden der Geführten* als auch das *Wohlsein der Organisation,* weil diese Toxizität bei einem nicht systemseitig verhinderten Aufstieg dieser Personen Teil der Organisationskultur wird (Mehta und Maheshwari 2013).

2.5 Burnout

Burnout als Symbol psychischer Belastungszunahme in der Arbeitswelt (Kratzer 2012) ist inzwischen ein ernst zu nehmendes Public-Health-Problem (Stier-Jarmer et al. 2016). Burisch (2014) bezeichnet es als „psychovegetatives Erschöpfungssyndrom infolge einer chronischen, beruflich bedingten Beanspruchungsreaktion". Es weist Überlappungen zu depressiven und psychosomatischen Störungsbildern auf, entwickelt sich in einem langsamen und schleichenden Prozess (Kaluza 2012) und bezeichnet einen Zustand seelischer und körperlicher Erschöpfung (Stark und Maragkos 2014) mit dem Verlust der Regenerations- oder Erholungsfähigkeit (Riechert 2015). Der Begriff *Burnout* und die damit bezeichneten Symptome sind ubiquitär, obwohl Burnout nicht als eigenständige Diagnose, sondern nur als Unterpunkt zu Z73.0 *„Probleme mit Bezug auf Schwierigkeiten bei der Lebensbewältigung"* im ICD-10 aufgeführt, und eine theoretische Einordnung schwierig ist.

Burnout wird unter dem *Gerechtigkeitsaspekt auf* mangelnde Wertschätzung und Stresserleben aufgrund einer daraus resultierenden *Selbstwertverletzung* (Sende 2014) bzw. eine Gratifikationskrise *Effort-Reward-Imbalance-Modell (ERI);* (Siegrist 2011) zurückgeführt, aber auch unter hirnphysiologischen und hormonellen

Gesichtspunkten (erhöhter Noradrenalinspiegel) sowie im Zusammenhang mit einem erhöhten Depressionsrisiko durch chronischen Stress untersucht.

V. d. Oelsnitz (2014) betrachtet den Aspekt der *Arbeitsgestaltung (job design)* und sieht eine Auszehrungswirkung vor allem durch eine *Schieflage des psychologischen Arbeitsvertrags* „Loyalität gegen sicheren Arbeitsplatz" durch prekäre Arbeitsverhältnisse, ausufernde Projektarbeit und Scheinselbstständigkeiten ohne gleichzeitig steigenden Entscheidungs- und Handlungsspielraum, was Gefühle des Ausgeliefertseins mit entsprechenden Stressreaktionen bewirke.

Für Seligmann (2016) führen **unkontrollierbare traumatisierende Ereignisse zu erlernter Hilflosigkeit** und **zum Verlust der Motivation zu Handeln bzw. zu Depression.** Die bei Double Bind nicht kontrollierbare, „unaushaltbare" Situation ist dem von Seligman gewählten Versuchsaufbau der unkontrollierbaren Stromschläge vergleichbar. Unger und Kleinschmidt (2013) ordnen Burnout als *stressbedingte Erschöpfungs-Depression* und *Arbeitsunfall der Moderne* ein. Laut Burisch (2014) sei für eine Gesunderhaltung im Arbeitskontext eine möglichst passgenaue Übereinstimmung zwischen den individuellen Fähigkeiten eines Mitarbeiters und der von ihm durchgeführten Tätigkeit – *Person-Environment-Fit* (Caplan 1987) – sowie Autonomie notwendig, weil dies Voraussetzung für ein ausgewogenes Situations-Kontrollerleben der Person sei.

Kuhn und Weibler (2014) sprechen von einer *Auszehrung durch eine egomanische Organisation aufgrund unethischer Führung*, welche sich zudem nicht für ihre Mitarbeiter interessiere, was auch mit einer Verengung der unternehmerischen Verantwortung auf eine reine Rendite-Verantwortung zu tun habe. Krankheitsbedingte Abwesenheiten und psychologische Krankheiten im Arbeitsumfeld werden von Michie und Williams (2002) mit *unklarem Führungsverhalten* und unklaren Rollenvorstellungen in Verbindung gebracht.

Schirmer et al. (2014) legen in ihrem Sammelwerk *„Die auszehrende Organisation"* den Fokus sowohl auf die individuelle Person *(Verhaltensprävention)* als auch auf die Organisation *(Verhältnisprävention)*. *Burnout* beruhe auf *hochgesteckten Zielen,* welche trotz großen Ressourceneinsatzes nicht erreicht würden, was emotional kontinuierlich bis zum Totalverlust der Leistungsfähigkeit erschöpfe. Laut Wüstner (2014) bzw. Lalouschek (2016) können mögliche Auszehrungsgründe *Perfektionismus, Narzissmus* und *Machtstreben bzw.* Persönlichkeitsstörungen sein.

> *Burnout entsteht* für meine Begriffe vor allem, *wenn Anforderungen die Bewältigungsmöglichkeiten,* aus welchen individuellen Gründen auch immer, *übersteigen bzw. aufgrund der* von mir als mögliche Ursache *vermuteten Double Bind-Problematik* (=>Theorie-Vorschlag Ziffer 4).

2.6   Ausgebrannte Organisationen (Organizational Burnout)

Dieser Begriff geht auf das gleichnamige Buch von Greve (2015) zurück. Es zieht Parallelen zwischen dem Burnout bei Personen und einer bei Organisationen zu beobachtenden, ähnlichen Entwicklung.

Mit Blick auf die Double Bind-Problematik sind auf individueller Burnout-Ebene interessant:

- *mangelndes Selbstbewusstsein*
- *Ziel- und Aufgabenunsicherheit*
- *Differenz zwischen den persönlichen Werten und der Wertigkeit der Aufgabenstellung*
- *Angst vor den negativen Konsequenzen eigenen Versagens.*

Für organisationalen Burnout sind bemerkenswert:

- *Übersteigerter Qualitätsanspruch*
- *Unrealistische Leistungsvorgaben*
- *Wertearmut des Unternehmensleitbildes*
- *Sinn des Unternehmens allein materiell orientiert.*

Untersuchungsergebnis 3

Ergebnis meiner Untersuchung war, dass Double Bind-Kommunikation in vielen Organisationen üblich und Teil der Lebenswirklichkeit ist – mit allen für die davon Betroffenen verwirrenden, paralysierenden und krankmachenden Wirkungen.

Typische Double Bind-Situationen in Organisationen

- *Zu viele Aufgaben für zu wenig Personal (unerfüllbare Vorgaben bei gleichzeitiger Einschränkung / Entzug der dafür notwendigen Ressourcen)*
- *„Do more with less."* *(„Tue / erreiche mehr mit weniger.")* *Qualitäts-* bzw. *Outputmaximierung bei gleichzeitiger Minimierung der zur Verfügung gestellten Ressourcen* (Zeit, Geld, Equipment, Manpower)
- *Matrixorganisationen* als besonders Double Bind-anfällig durch ihre changierenden und dadurch unklaren Aufgabenzuschnitte sowie ständig wechselnde „Teams" (in welchen in Wirklichkeit organisationsseitig zwecks Ergebnismaximierung Extremwettbewerb und Einzelpersonen belohnt werden), welche eine virulente Zunahme von Double Bind-Organisationen vorantreiben. Denn statt klarer Entscheidungen mit einer „zufriedenen" und einer „unzufriedenen" Seite produziert Double Bind durch „faule Kompromisse" *Unzufriedenheit auf allen Seiten* und schafft dadurch neben **un**eindeutigen Verhältnissen und einer daraus resultierenden Verunsicherung *eine Verdoppelung der Anzahl von Unzufriedenen, welche sich mit jeder weiteren Matrixdimensionen potenziert.*

Typische Begleiterscheinungen von Double Bind in Organisationen

- *Intransparenz*, aus Personen und Situationen „nicht schlau zu werden, nicht zu wissen, was bezweckt oder gewollt ist, sich keinen Reim darauf machen können" und dass „nicht mit offenen Karten gespielt werde", was sämtlich

© Springer Fachmedien Wiesbaden GmbH, ein Teil von Springer Nature 2018
A. Kutz, *Double-Bind-Kommunikation als Burnout-Ursache,* essentials,
https://doi.org/10.1007/978-3-658-21917-8_3

Verunsicherung auslöst. Mitarbeiter reduzieren aufgrund dieser Unsicherheiten ihre Arbeitsleistung auf das Nötigste, weil ihnen aufgrund der Double Binds alles negativ ausgelegt werden kann und auch wird.

- **Permanente Überraschungseffekte** dadurch, dass keine (innere) Vorbereitung auf Veränderungen möglich ist, mit **Gegeneinander statt Miteinander.**
- Double Bind zwecks positiver Selbstdarstellung aus persönlicher Eitelkeit als **Machtgenerierungsmittel** mit dem Ziel, dass die Mitarbeiter nicht mehr selbstständig denken bzw. sich diesem Machtdruck beugen und letztlich alles „mitmachen".

3.1   Folgen toxischer Double Bind-Kommunikation für Organisationsangehörige

Aufgrund der *finanziellen Abhängigkeit vom Arbeitgeber,* können die meisten der von Double Bind in Organisationen *Betroffenen das System nicht verlassen.* Dies führt nach den Untersuchungsergebnissen zu **psychischen, psychosomatischen** und **physischen Reaktionen** bei Organisationsangehörigen bzw. zu einer *aus Überforderung und Energieverlust resultierenden* **Burnout-Gefährdung.**

Psychische / psycho-somatische / physische Folgen
Vielfach wurden durch Double Binds ausgelöste Unzufriedenheitsgefühle und die Erfahrung **„wie man's macht, macht man's verkehrt"** geschildert, was zu der Double Bind-immanenten *traumatisierenden, habituellen Abstrafungserfahrung mit konstanter mentaler Anspannung führe.*

Double Bind-Kommunikation bewirke ihrerseits gravierende und dauerhafte mental-emotionale Belastungs-, Panik-, Wut- oder diffuse Verwirrungs- bzw. Bedrohungszustände durch permanente *(diffuse)* Gefühle des *In-Gefahr-Seins* bzw. der *Bedrohung durch einen Feind.*

Die dadurch ausgelösten Gefühle der *Ohnmacht und Angst* sowie *Fluchtgedanken aus dem System* paarten sich mit *Frustration, Enttäuschung* und *Resignation, Angst-* sowie *Sinnlosigkeitsgefühlen.*

Diese Double Bind-verursachte diffuse Bedrohungslage führt nach den Untersuchungsergebnissen zu den evolutionstradierten drei Reaktionen *Flucht, Angriff* oder *Totstellen,* mit dem Schwerpunkt der Bevorzugung der Reaktionsweise *Flucht.* Der Mitarbeiter **kann** aufgrund der finanziellen Abhängigkeit dem Double Bind-System **aber meist nicht entfliehen.**

Die aufgrund dessen auftretenden *Reaktionen des vegetativen Nervensystems* wurden mit *Herzklopfen, Magendrücken, Schweißausbrüchen, Schlafstörungen,*

Diarrhö, innerer Unzufriedenheit und *Antriebslosigkeit* umschrieben. Als weitere Folgen wurden *Verunsicherung* und *Auto-Aggressivität* geschildert.

Gefühle der *Ohnmacht* und *Wut* entstehen laut den Ergebnissen durch die Erfahrung, **sein Bestes zu geben und es dennoch nicht reiche**, was zusätzlich mit der **psychosomatischen Reaktion** des *„Bauchgrimmens"* einhergehe. Dies wurde auch mit *fehlendem Handlungsspielraum in Verbindung gebracht*.

Weitere genannte psychosomatische Reaktionen waren *Erkältungskrankheiten* im Sinne von *„die Nase voll haben"*, was auf ein *geschwächtes Immunsystem* hindeute, *Knochen- und Gelenkprobleme* sowie *Schmerzsymptomatiken*, aber auch *Bandscheibenvorfälle* sowie *Magen-Darm- und Gallenprobleme („Die Galle läuft über")*. *Hörstürze* und *Brillen* seien ein Indiz dafür, *„Dinge nicht mehr hören oder sehen zu können / wollen"*.

Dies erinnert an die von Peseschkian (2002) in Sinn anzeigende Fähigkeiten umgedeuteten Krankheitsbilder, mit welchen jeder mit seiner ganz individuellen „Schwachstelle" reagiert. In der von ihm aufgeführten Liste zeigt z. B. ein Bandscheibenvorfall die Fähigkeit an, nicht zusammenzubrechen, ein Magengeschwür die Fähigkeit, viel herunterschlucken zu können.

Als äußerlich sichtbares, physisches Zeichen innerpsychischer Vorgänge wurde das *Erlöschen von Freude, Stolz und Fröhlichkeit in Augen, Gesicht und Gangart* geschildert.

Interessanterweise fiel im Rahmen der Untersuchung sogar der Begriff **„schizophren"** als Beschreibung dessen, was Organisationsangehörige in einem Double Bind-System dadurch tun, dass sie jeden Tag zur Arbeit gehen und das Double Bind-Spiel (mit-) spielen, so tun als sähen sie die im Double Bind-System vorherrschenden Missstände nicht, sondern sich stattdessen mit Ersatzschauplätzen selbst beruhigen.

Die **Parallele** zum **Auffindungskontext** des Double Binds (*Schizophrenie*; Bateson et al. 1956) **und** der **Analyse Gruens** (2013), dass die *ihr intaktes Wertesystem schützenden Schizophrenen* in totalitären Double Bind-Systemen in die innere Emigration gehen, welche im Arbeitskontext an die innere Kündigung erinnert, ist augenfällig.

Aus der Untersuchung geht zudem hervor, dass diejenigen, welche das Double Bind-System-Spiel (aus Gewissensgründen) nicht mitspielen wollen, bewusst ausgegrenzt werden, wodurch sie zum *Außenseiter im System* (gemacht) werden.

Alle diese Double Bind-induzierten psychosomatischen Belastungen bergen mittelfristig zusätzlich das **Risiko ernsthafter physischer Erkrankungen**. Mehrfach fiel während der Untersuchung der Satz *„Paradoxe Handlungsanweisungen machen krank"*. Als **physische Reaktionen** wurden *körperliche Schwäche, Abgeschlafftheit,*

„Plattsein", starker Energieverlust durch Kräfteverzehr und langfristige krankheitsbedingte Ausfälle geschildert.

Burnout-Gefährdung

Die Untersuchung ergab *als Folgen paradoxer Kommunikation* Schilderungen
übermäßigen Energieverbrauchs und *daraus resultierender totaler Erschöpfung
durch Überforderung* sowie *Burnout.* Die Mitarbeiter verbrauchten ihre Energie
einerseits durch die Folgewirkungen dieser paradoxen Systemzustände (Verhält-
nispräventionsebene), andererseits durch ihre eigenen Antreiber (Verhaltensprävent-
onsebene). Durch äußere Vorgaben seien sie gezwungen, Anforderungen zu erfüllen,
die sie nicht beeinflussen könnten (fehlender Handlungsspielraum) und welche sie in
ihrer fachlichen Expertise nicht ernst nehme, sie nicht anerkenne, wodurch sie resi-
gnierten, was schließlich – *über die in der Untersuchung geschilderten Zwischen-
schritte Antriebslosigkeit (auch im privaten Kontext), Freizeit herbeizusehnen und
die gleichzeitige Unfähigkeit, freie Zeit wie Wochenenden noch genießen zu können,
sich auch im Privatumfeld zu isolieren und abzukapseln (Rückzug), Nervenzusam-
menbrüche* – im „Burnout" ende.

Markante Persönlichkeitsausprägungen (Narzissmus, Zwang und Psychopathie) bei Führungspersonen gingen laut Untersuchungsergebnissen noch einmal
mit deutlich erhöhten Krankenständen in den diesen jeweils zugeordneten Einheiten einher.

3.2   Folgen toxischer Double Bind-Kommunikation für Organisationen

Als Auswirkungen für Organisationen haben sich aus der Untersuchung ergeben:

- *Unklare Ziele sind Folge und Förderer von Double Bind in Organisationen*
- *Undurchlässige Glaszwischendecken zwischen den Hierarchiestufen*
- *Double Bind ist ein Spiel, bei dem sich die Spielregeln ständig ändern*
- *Infantilisierung der Mitarbeiter durch das Double Bind-System*
- *Falsch verstandener TEAM-Gedanke*
- *Pseudosozialismus und kollektive Verantwortungslosigkeit*
- *Veränderungsresistenz des Systems*
- *Kein eigenständiges Denken der Mitarbeiter (mehr)*
- *Machtausübung mit dem Ziel: willfährige Mitarbeiter*
- *Effizienzsteigerungs-Ziel-Verfolgung mit Hilfe von Double Bind ist ein Trugschluss*
- *Suche nach dem Schuldigen statt Fehler-Kultur*
- *Filter im System*

- *System-Ausstiegs-Wunsch und hohe Fluktuation*
- *Wertesystem-Clash als weiterer Fluktuationsgrund*
- *Bequemlichkeit / Konsumentenhaltung*
- *Erfolglosigkeit der Organisation, weil Kreativität und die Bereitschaft, für Ziele zu arbeiten, verhindert werden, und die Organisation aufhört zu lernen (Ausblenden von Fehlern als Lernchance) bzw. sich rechtzeitig zu verbessern, anzupassen und weiterzuentwickeln*
- *Es kommt irgendwann „zum Knall" und damit zum Untergang der Double Bind-Organisation.*

Unklare Ziele gleichzeitig als Folge und Förderer von Double Bind in Organisationen machen **speziell öffentlich-rechtliche Organisationen** aufgrund ihrer politischen Ausrichtung mit den dafür typischen Double Bind-induzierten, bewusst ambivalent gehaltenen Aussagen **noch anfälliger als Wirtschaftsunternehmen für Double Bind-Strukturen**, *was den dort generell erhöhten Krankenstand*, insbesondere bei **Beamten** – wegen der ihnen bei einem Systemaustritt drohenden immensen finanziellen Konsequenzen – *erklärt*.

Bei Wirtschaftsunternehmen mit klarer Zielorientierung und Marktausrichtung werden Double Bind-induzierte finanzielle Schieflagen eher bemerkt, so dass unternehmensseitig gegengesteuert werden kann. Allerdings ist auch dort aufgrund des zunehmenden Politikeinflusses in allen Lebensbereichen, sowie durch die vermehrten Matrixstrukturen eine stetige Zunahme von Double Bind-Kommunikation zu beobachten. Denn in Matrixstrukturen besteht hoher Abstimmungsbedarf zwischen den einzelnen Abteilungen, was für die Mitarbeiter erhöhte Anforderungen und organisationsseitig zwecks wirtschaftlicher Ergebnisverbesserung einkalkuliertes Konfliktpotenzial mit sich bringt und die Wahrscheinlichkeit für Reaktionen der Mitarbeiter auf einem der drei gesundheitsgefährdenden Kanäle erhöht. Dieser **Double Bind-verursachte Gefährdungspunkt für Organisationen** spiegelt sich bei Greve (2015) in der Überschrift *Unspezifische Ziele und fehlende Konkretisierung*.

Die häufige Untersuchungsformulierung **„die da oben, die da unten"** kennzeichnet **undurchlässige Glaszwischendecken zwischen den Hierarchiestufen**. Wenn die oberste Organisationsebene den Kontakt zur Basis verliert und sich obendrein evtl. noch selbst in der Höhe und inhaltlich unverhältnismäßige Annehmlichkeiten zugesteht, während sie den Mitarbeitern auf operativer Ebene gleichzeitig Vergünstigungen streicht, hat der **Double Bind *mit zweierlei Maß messen*** die Folge, dass die Kommunikation zwischen den Ebenen versiegt, stattdessen mit Gerüchten und informeller Kommunikation operiert wird, was – speziell in Kombination mit der weiteren Komponente der Filterproblematik (siehe unten) – zu einer Gefährdung für die Organisation wird. Greve (2015) bezeichnet die Mechanismen *„Erfolge erlauben Luxus und Luxus frustriert"* und *Abschottung vom Tagesgeschäft* als Gefahr für Organizational Burnout, wenn sich also die oberste Hierarchieebene zu weit von den operativen Einheiten entfernt und diese den Eindruck gewinnen, *„die da oben"* hätten so abgehoben, dass sie nichts mehr mitbekämen von den Befindlichkeiten der Basis.

Double Bind wurde in der Untersuchung mehrfach als *Spiel, bei dem sich die Spielregeln ständig ändern*, und die man kennen, beherrschen und – unabhängig von deren Sinnhaftigkeit – mitspielen müsse, um in einem Double Bind-System zu überleben, beschrieben. Erschwert wird Letzteres dadurch, dass ein Double Bind-System diese Spielregeln gerade verschleiert, um Macht über die Systemmitglieder zu erlangen und zu behalten, womit die geschilderten Überraschungseffekte zusammenhängen. Das zu diesem *Kontext des Double Bind-Spiels* sehr passende Gedicht von Laing, dass alle an einem großen Spiel, welches aber unter Strafandrohung nicht als solches bezeichnet werden darf, beteiligt sind, ist unter https://www.goodreads.com/quotes/1144433-they-are-playing-a-game-they-are-playing-at-not (Login: 27.05.2017) nachzulesen. Hier schwingt bereits die Tatsache mit, dass das Double Bind-System nicht hinterfragt werden darf. Thomas Watson (https://www.iim-edu.org/thinktank/publications/management-gurus/Thomas-Watson.htm; Login: 18.05.2017) bezeichnet das Geschäftsleben von vornherein als großartigstes Spiel der Welt, wenn man wisse, wie es zu spielen sei. Hierzu passt die Untersuchungs-Aussage, dass sich alle Beteiligten als Schauspieler in einem *großen Schau-Spiel* mit viel *Theaterdonner in Selbstdarstellungs-Sitzungen* betätigen, bei dem alle mitspielen, weil sie es müssen, um nicht als Spielverderber sowohl vom Spiel als auch vom System ausgeschlossen zu werden. Gleichzeitig klingt der vielfach gehörte Satz *„wir sind hier doch nicht im Kindergarten"* durch, an welchem anhand u. a. des Titels in Harvey (2006): *„Bullying – From the Playground to the Boardroom"* – *„Systematisches Mobbing – vom Kinderspielplatz ins Vorstandszimmer"* Zweifel und der Verdacht aufkommen können, dass es sich eben doch um die *Fortsetzung der Kindergarten- und Sandkastenspiele* handelt *statt* einer *fachorientierten, ziel-, problem- und lösungsfokussierten Herangehensweise an zu bearbeitende Sach-Fragen.*

Spiel ist normalerweise eine *kindliche Domäne*. So entsteht der Eindruck, dass Double Bind als ein perfides Machtspiel zur *Infantilisierung der Belegschaft durch das Double Bind-System* benutzt wird. Eine passende diesbezügliche Illustration findet sich bei Wehrle (2011), bei welcher ein Mitarbeiter als „Ausgleich" für gestrichenen Urlaub ein „Lecke-Eis" überreicht bekommt.

Kinder brauchen *im Gegenzug keine Verantwortung zu übernehmen,* wodurch sich die Kehrseite dieser Entmündigung in der Einschränkung der Möglichkeiten zur Eigenverantwortungsübernahme, und damit des Handlungsspielraums bei der Aufgabenerfüllung niederschlägt. Diese *Strangulierung jeder Autonomie* bzw. *Eigeninitiative führt* mit *zu* der geschilderten *Frustration* und Entmutigung und ist *ein Mosaikstein auf dem Weg zu den beschriebenen drei krankheitsverursachenden Reaktions-Kanälen,* aber auch der *schwindenden Arbeitsfreude, Arbeitsmotivation* und des daraus resultierenden *nachlassenden Engagements* bzw. der *absinkenden Leistung* mit *Qualitäts- und Performance-Einbußen,* welche sich später *finanziell* für die Organisation *auswirken.*

Dieses *„Abwürgen" autonomen Denken und Handelns* ist ein, wenn nicht *der* wesentliche Baustein im aus der Untersuchung von mir abgeleiteten Theoriegefüge (=> Teil 4).

Dieser Wirkmechanismus kam in der Untersuchungserkenntnis zum Ausdruck, dass das System die Organisationsangehörigen nicht ernst nimmt, wodurch sie *ent-*täuscht werden (sie die Täuschung also – bewusst oder unbewusst – „durchschauen"), resignieren und ihrerseits das Geschehen nicht (mehr) ernst nehmen, was zum *Teufelskreis aus Nichtübernahme von Selbstverantwortung* bzw. *Nicht-Verantwortungsübernahme für die Arbeitsergebnisse* und schließlich zur *unhinterfragten Ausführung egal welcher Anweisungen* führt, was für das System den Vorteil einer besseren Steuerbarkeit dieser (infantilisierten) Mitarbeiter hat.

Gleichzeitig hat dies den Effekt, dass sich *Mitarbeiter vermehrt aus der Verantwortung* ziehen (können), was laut den Ergebnissen als **falsch verstandener Team-Gedanke** bzw. der Übersetzung des Wortes „TEAM" mit „Toll ein andrer macht's" zum Ausdruck komme. Und wenn *Teamarbeit* – wie insbesondere in Matrixorganisationen – *eingefordert wird, aber gleichzeitig Einzelleistungen und Einzelpersonen* im organisationsseitig zwecks Ergebnisoptimierung befeuerten internen Konkurrenzkampf *belohnt werden,* liegt eine *klassische Double Bind-Situation* vor.

Dieser falsch verstandene Team-Gedanke zieht nach Erkenntnis der Untersuchung *„Pseudosozialismus"* und *Kollektive Verantwortungslosigkeit* nach sich, weswegen in der Untersuchung auch zwischen *Team* und *Crew unterschieden* wurde. Im Team trägt keiner bzw. übernimmt der einzelne keine Verantwortung, in einer Mannschaft (Crew) schon.

Problematisch ist der aufgrund der Double Bind-induzierten Bestrafungsmechanismen ausgelöste Lernprozess der Double Bind-System-Mitglieder, welche dadurch einerseits keine Selbstverantwortung mehr übernehmen wollen, um sich die schmerzhafte Dauererfahrung der Abstrafung zu ersparen, im Laufe der Zeit infolge des dadurch eingeübten Denk- und Verhaltensmusters aber irgendwann auch keine Eigenverantwortung mehr übernehmen *können,* was im Sinne der sog. *erlernten Hilflosigkeit* nach Seligmann (2016) in Lethargie, apathischem „in-der-Ecke-Sitzen" und letztlich Depression enden kann – eine weitere psycho-somatische Krankheitsfolge.

Damit hängen dann steigende Zahlen innerer Kündigungen und Dienst nach Vorschrift zusammen, welche beide dazu beitragen, dass das System nicht hinterfragt wird, was ganz im Sinne der Double Bind-Organisation ist, weil sich ein System selbst erhalten will (*Autopoiese*: Varela et al. 1974; *Selbstreferentialität* Luhmann 2008) und sich das Double Bind-System auf keinen Fall verändern darf. Denn Sinn eines autopoietischen Systems ist ausschließlich die Autopoiese selbst (Zwack und Pannicke 2010). Zu diesem Zweck ist es für das Double Bind-System eminent wichtig, selbst- und *eigenständiges Denken der Organisationsangehörigen zu verhindern*, zu unterbinden bzw. existierendes „abzuwürgen".

Dieses, nach den hier aufgefundenen Ergebnissen vermutlich ebenfalls *auf Double Bind beruhende Phänomen der Veränderungsaversion und des Selbsterhalts von Double Bind-Systemen* findet sich bei Greve (2015) als *„Erfolge der Vergangenheit sind wichtiger als die Chancen der Zukunft"*. Er führt dies allerdings auf eine mit steigendem Lebensalter zunehmende Risikoaversion des Managements zurück, weil neuen Wegen Risiken und ungewisse Ausgänge innewohnen und alles Neue Verunsicherung auslöst.

Da Mitarbeiter dementsprechend nicht eigenständig denken sollen, stellen sie ihr eigenständiges Denken nach einiger Zeit ein, weil es ihnen *systemseitig abtrainiert* wird. Denn eine nach den Untersuchungsergebnissen verbreitete Lernerfahrung besteht darin, dass Verbesserungsvorschläge vom System eben nicht ernsthaft erwünscht, sondern lediglich Lippenbekenntnisse sind, was zu Selbstschutzmechanismen in Form von *„Klappe halten und mit dem Rücken an der Wand lang"* führe. *Mitarbeiter* hätten *zu häufig die Erfahrung gemacht*, dass sachlich intendierte Fachhinweise sofort als Kritik an der jeweiligen Führungsperson bzw. der Qualität deren Arbeit aufgefasst und entsprechend sanktioniert werden. Dies liege daran, dass vielfach gute Facharbeiter statt *„gestandener Persönlichkeiten"* mit echtem Interesse an Menschenführung in die Führungspositionen befördert werden.

Manche Führungskräfte scheinen nach den Untersuchungsergebnissen vielfach das Ziel zu verfolgen, mit Hilfe von Double Binds und der dadurch möglichen *Machtausübung* eigenständiges Denken ihrer Mitarbeiter zu unterbinden, *um willfährige Mitarbeiter zu „kreieren"*, welche jeden Auftrag unhinterfragt, ohne selbst zu denken, und unreflektiert widerspruchslos ausführen, damit die – ggf. „unerfüllbaren" – organisationsseitig vorgegebenen oder eigenen Ziele möglichst „mühelos" erreicht werden können.

Dieses *Ziel einer Effizienzsteigerung* entpuppt sich allerdings als *mehrfacher Trugschluss*. Denn die *Double Bind*-induzierte, machtmotivierte Untersagung eigenständigen Denkens und dadurch veranlasste, fehlende Bereitschaft zur Verantwortungsübernahme seitens der Mitarbeiter *verhindert sach-, fach- und lösungsorientiertes Handeln* bzw. *lässt keine Sachklärung oder Problemlösung (mehr) zu*. Mitarbeiter gehen in die innere Emigration, kündigen innerlich, reduzieren ihr Engagement. Zudem werden, noch *verstärkt durch die Fehler-Aversion des Double Bind-Systems*, **Fehler** bei Produkten oder **Behinderungen in Sach-, Prozess- oder Systemabläufen** nicht aufgedeckt und *nicht aufgezeigt*, wodurch die *in Fehlern liegende Lernchance und das* entsprechende *kontinuierliche Verbesserungspotenzial verpuffen*, und diese wertvollen Informationen der Organisation *nicht für* ihre *Weiterentwicklung* im Sinne einer *lernenden Organisation zur Verfügung stehen*. Dies verhindert Sacharbeit und endet in Stagnation und Paralyse für die Organisation.

Hinzu kommt die **Suche nach dem Schuldigen statt Fehler-Freundlichkeit** oder sach- und lösungsorientierter Problemlösungsstrategien *(Ausblendung von Fehlern als Lernchance)*. Dieser *lernhindernde Effekt* wird zusätzlich *verstärkt durch* die in den (insbesondere großen, mit vielen Zwischenebenen operierenden) Organisationen verbreiteten *Filter im System*, also der *Tendenz, sich selbst und den eigenen Bereich* mithilfe gefilterter Informationsweitergabe zwecks besserer Selbstdarstellung *in besonders gutem Licht erscheinen* zu lassen. Dadurch gehen – gerade der obersten Ebene – wertvolle Informationen für eine Weiterentwicklung der gesamten Organisation verloren.

Die Gemengelage aus *Verbot zum eigenständigen Denken, Fehler-Aversion* und der *daraus resultierenden Enttäuschung und Frustra*tion darüber, *dass die eigene Expertise so wenig gefragt ist,* obwohl speziell diese seitens der Double Bind-Organisation immer wieder *scheinbar* eingefordert wird, lässt die Mitarbeiter nicht nur mental-emotional „abschalten", sondern *erstickt* letztlich jede für eine Erneuerung von Produkten oder Prozessen essentielle *Kreativität bei der Lösungsfindung*.

Hinzu kommen laut den Untersuchungsergebnissen verschleiernde, letztlich aber dennoch nicht eingehaltene „Vertraulichkeitsstufen" bei der Informationsverteilung, welche wesentliche Teile der Mitarbeiterschaft von notwendigen Entscheidungsgrundlagen abschneiden, weil in Double Bind-Organisationen *Information und Kommunikation,* als „in den Dialog treten", überwiegend *verwechselt* würden.

Double Bind in Organisationen löst nach den Untersuchungserkenntnissen den **Wunsch nach einem Verlassen des (Double Bind-) Systems**, der Organisation, und damit **Fluktuation** zusammen mit **Erfahrungs-, Brain- und Know-How-Drain** aus. Gründe dafür sind *Resignation,* ein *diffus wahrgenommenes Bedrohungsgefühl,* dass *nicht mit offenen Karten gespielt* wird, bis hin zu dem Empfinden, in einen *Privatkrieg* verwickelt und der Gefahr ständiger unvermuteter Angriffe ausgesetzt zu sein (Gefühl der *Ungewissheit, Unberechenbarkeit, Überraschungseffekt*), was *Unsicherheit* bewirkt. Mancher kündigt sogar lieber in die Ungewissheit der Arbeitslosigkeit, um ein solches System verlassen zu können.

Hinzukommt nach den Untersuchungsergebnissen der weitere Double Bind-veranlasste *Fluktuationsgrund* des Wertewiderspruchs *(Werte-Clash)*, sobald sich das Wertesystem der Organisationsangehörigen nicht (mehr) mit demjenigen der Double Bind-Organisation deckt. Dadurch können sich Organisationsangehörige nicht mehr mit der Organisation identifizieren, die dortigen Vorgänge mit ihrem Gewissen nicht mehr vereinbaren und verlassen das System. Diese *bei Double Bind-Organisationen häufigen Wertedivergenzen* finden sich bei Greve (2015) für die Organisationsebene unter den Überschriften *Wertearmut des Unternehmensleitbildes / Sinn des Unternehmens allein materiell orientiert*.

Zusätzlich *leiden* dadurch die *Organisations-Reputation* und das *Employer Branding und Double Bind-Organisationen können keine guten Mitarbeiter halten bzw. neue gewinnen.*

In der Untersuchung fiel häufig der Begriff *Bequemlichkeit* bzw. *Konsumentenhaltung* im Zusammenhang mit Double Bind, dass jemand alle Vorteile für sich, aber keine Nachteile eingehen will. Mit diesem Bequemlichkeitsaspekt und der Fehler-Aversion hängt die *Erfolglosigkeit einer Double Bind-Organisation zusammen, weil Double Bind erst eigenständiges Denken der Mitarbeiter* und dann *Kreativität und Verbesserungen aufgrund von in Fehlern liegendem Lernpotenzial verhindert sowie keine Bereitschaft mehr vorhanden sein lässt, für Ziele zu arbeiten, so dass Double Bind-Organisationen mittel- bis langfristig nicht überleben* können, weil *Innovationen ausbleiben, Markttrends verpasst* werden und somit *mittel- bis langfristig die Ertragslage sowie die Positionierung am Markt leiden.*

Aus der Untersuchung wurde deutlich, dass es *in Double Bind-Organisationen* dadurch irgendwann „*zum Knall" kommt*, z. B. durch Auf- oder Verkauf, Fusion oder Insolvenz, und damit *zum Untergang der Double Bind-Organisation.* Die *Double Bind-Wirkungen* schlagen sich vor einem solchen Knall zuerst auf der Ebene der *Mitarbeiter*, durch *Erkrankungen, Fluktuation*, später in *Fehlinvestitionen* bzw. anderen *hausgemachten finanziellen Verlusten auf Organisationsebene* nieder, bevor die Double Bind-Organisation sich durch ihre sich stetig selbst verstärkenden Mechanismen und Teufelskreise aufgrund der Double Bind-induzierten Stagnation und Selbst-Paralyse abschafft.

> *Double Bind-Organisationen zerstören so zuerst ihre Mitarbeiter und in letzter Konsequenz sich selbst.*

Greve (2015) bezeichnet diese letzten Stufen vor dem Organisations-Kollaps als *Diffuse Sehnsucht nach dem „Big Bang" des Neubeginns* bzw. *Unbewusste Duldung des Organisationssuizids, „Firmentod aus Eitelkeit im Wettbewerb der Helden"* und *„Immunsystem der Organisation ist schwach".*

3.3 Toxische Double Bind-Kommunikation und Persönlichkeitsstörungen

Die Untersuchung ergab, dass *Persönlichkeitsstörungen* wie *Narzissmus, Zwang* und *Psychopathie* und auch *„Burnout"*-Fälle offenbar gehäuft bei Vorliegen des Double Bind-Kommunikationsmusters in Organisationen anzutreffen sind.

Laut Untersuchung erwarten manche Führungskräfte eine Sonderbehandlung ihrer Person, sprechen diese für sie selbst geltenden Privilegien gleichzeitig aber wie selbstverständlich Kollegen bzw. Mitarbeitern ab und nehmen sich heraus, solche einseitig aufgestellten „Regeln" bei Bedarf nach Gutdünken jederzeit abändern zu dürfen, was die Charakteristika der *narzisstischen Persönlichkeitsstörung* erfüllt (Sachse und Collartz 2015).

Durch das bei *Zwangspersönlichkeiten* ausgeprägte Kontrollbedürfnis, welches sie am liebsten alles selbst machen und entsprechend nichts delegieren lässt, werden insbesondere eigenständig arbeitende Mitarbeiter in Mitleidenschaft gezogen (Sachse und Collartz 2015). Die Untersuchung lieferte Indizien dafür, dass Personen, welche der *zwanghaften Persönlichkeitsstörung,* insbesondere seitens Führungskräften, dauerhaft ausgesetzt sind, oft S*omatisierungen, Psychosomatisierungen, Verärgerung und Rückzug mit entsprechend hohen Krankenständen* aufweisen. Wegen der zwangsstörungsimmanenten Angst, Fehler zu machen und daraus resultierendem Hang zum Perfektionismus fügt sich dieser Stil besonders gut in die Double Bind-Dynamiken mit ihrer hohen Fehler-Aversion ein und prädestiniert solche Personen, derartige Kontexte zu suchen bzw. verstärkt, aggraviert oder beschleunigt deren etwaige, schon bei Systemeintritt vorhandene Grundtendenzen. Interessanterweise hatten die solchermaßen vorbelasteten Führungspersonen hohe Krankenstände in ihren Abteilungen, welche sie bei einem Abteilungs-Wechsel auch mitnahmen.

In Double Bind-Strukturen sind nach den Untersuchungsergebnissen zudem häufig Personen mit subklinischem, manchmal auch – bezogen auf vor allem Vermögensdelikte – klinischem *psychopathischen Persönlichkeitsstil* anzutreffen; bevorzugt vor allem in mittleren bzw. oberen und obersten Führungspositionen, weil sie durch die Eigenschaften dieses Persönlichkeitsstils in besonderer Weise zum Aufstieg in diese Organisationsregionen prädestiniert sind. Dies gelinge ihnen laut Untersuchungsergebnissen vor allem durch *gezielte Manipulationen oder Drohungen. Um Vorteile für sich durchzusetzen* bauten sie zwecks Blendung und Manipulation ihrer Umwelt erfolgreich *Potemkinsche Dörfer. Eigene*

Defizite kaschierten sie durch Beschuldigung anderer oder *entzögen sich der Verantwortungsübernahme.* Double Bind-Kontexte ziehen diese Persönlichkeitsstile offensichtlich vermehrt an, bringen sie andererseits aber wohl gleichzeitig auch hervor. Dies trifft vermutlich ganz besonders auf die Persönlichkeitsstruktur des (subklinischen) Psychopathen zu, welcher sich laut Gruen (2013) in totalitären bzw. Double Bind-Systemen anpasst und letztlich wirklich *alles* unhinterfragt ausführt.

3.4   Wesensveränderungen bei Aufstieg innerhalb der Organisation

Ein Grund dafür könnte sein, dass ehrgeizige und aufstiegswillige Personen besonders anfällig sein können, **beim Aufstieg in der Organisationshierarchie** eines Double Bind-Systems eine **gravierende Wesens- und Persönlichkeitsveränderung** zu durchlaufen. In der Untersuchung fanden sich Schilderungen von Wandlungen von Organisationsangehörigen, welche bei Aufstieg in die nächsthöhere Hierarchieebene zunächst ihr Wertesystem bewahrt hatten, und ehemalige Kollegen, jetzt unterstellten Mitarbeitern, gegenüber zu Beginn noch fair und wertschätzend blieben, was sich allerdings im Zuge eines weiteren Aufstiegs in der Hierarchie zunehmend verlor, und als *„furchtbare Persönlichkeitsveränderung"* geschildert wurde, welche am Ende die Mitarbeiter „ausbaden" mussten, woraus eine *„Vereinnahmung seitens des Systems"* deutlich wird, an welche sich speziell psychopathisch veranlagte Personen offenbar mit Leichtigkeit anpassen.

3.5   Einfluss von Persönlichkeitsstörungen bei Führungskräften auf Mitarbeiter

Solch *toxische Persönlichkeitsstile* gelangen also offenbar nicht nur *durch* einen *(Seiten-) Einstieg in Organisationen,* sondern *werden durch Double Bind-Organisationen aufgrund der durch Double Bind verursachten Wesensveränderungen auch regelrecht hervorgebracht, wenn sich Personen vom System im Zuge ihres hierarchischen Aufstiegs von diesem vereinnahmen lassen.* Denn Double Bind-Systeme belohnen und fördern insbesondere narzisstisches und psychopathisches Persönlichkeitsstörungs-Verhalten.

Die Double Bind-Organisation ist dann durch die ihr inherente Double Bind-(Un)-Kultur geprägt durch inkongruente, mehrdeutige und unauthentische Botschaften und Kommunikationsstrukturen, wodurch die Mitarbeiter zusammen mit den Double Bind-immanenten, kontinuierlichen Rügen, ohne die Möglichkeit einer Metakommunikation oder entsprechender Klärungschancen, stetig weiter verunsichert und vorsichtig in ihrem Handeln werden. *Fühlt sich der Mitarbeiter durch diese Einschränkung sehr belastet* und hat die Möglichkeit dazu, wird er das Double Bind-System durch *äußerere Kündigung* verlassen.

Hat er diese Option nicht, *kommt* es nach den Untersuchungsergebnissen für die Folgen bzw. seine Reaktionsweisen *darauf an, ob* dieser *Mitarbeiter* mit einem *intakten inneren Wertesystem* ausgestattet ist *oder nicht.*

Mitarbeitern mit intaktem inneren Wertesystem, die das System nicht durch Kündigung verlassen können, bleibt im Grunde nur ein *inneres Verlassen des Systems,* entweder durch die *innere Kündigung*, ggf. zusammen mit passiv-aggressivem Verweigerungsverhalten (Sachse und Collartz 2015) oder dadurch, dass die Double Bind-induzierte Wut bzw. Aggression sich über Auto-Aggression in einem oder mehreren der *drei Reaktionskanäle (psychisch, psycho-somatisch, physisch)* bis hin zu *Burnout* niederschlagen (Kutz 2016).

Ausdruck der besorgniserregendsten und schlimmsten Form der Double Bind-induzierten Auto-Aggressivität bzw. des inneren Protestes gegen ein Double Bind-System, welches seine Mitglieder in so totalitären Umklammerungen und Zwangslagen (Zwickmühlen), so „versklavt" festhält, dass für diese daraus kein anderer Aus-Weg herauszuführen scheint, sind die immer häufiger werdenden Meldungen zu Suiziden im Arbeitskontext. Auffällig ist in diesen Zusammenhängen, dass die Repräsentanten dieser Double Bind-Systeme in der Regel dann jede *Verantwortlichkeit seitens der Systemzusammenhänge strikt leugnen*, also keine Notwendigkeit für die systemseitig notwendige Verhältnisprävention sehen.

Mitarbeiter ohne intaktes Wertesystem hingegen, laut Gruen (2013) die *Psychopathen,* passen sich dem (totalitären) Double Bind-System an, führen einerseits willfährig alles von ihnen Verlangte aus, ohne es zu hinterfragen, und werden andererseits darüberhinaus aufgrund ihres Persönlichkeitsstils in einer Double Bind-Organisation vermutlich sogar besonders schnell und leicht aufsteigen. Mitarbeiter, welche diese Persönlichkeitszüge zu Beginn nicht oder allenfalls in Ansätzen aufweisen, durchlaufen ggf. eine gravierende Wesensveränderung und schleichende Assimilation an das Double Bind-System, weil dieses Verhalten systemseitig belohnt wird.

Dies hat dann entsprechend negative Konsequenzen für Kollegen und Mitarbeiter, welche der totalitären Willkürherrschaft und dem tyrannischen Verhalten von *Bullying Bosses* oder sogar einer Führungskraft mit den Merkmalen der *Dunklen*

Triade aus *Narzissmus, Machiavellismus* und *Psychopathie* ausgesetzt sind. Diese
fördern so mit Hilfe von Machtausübung qua Double Bind-Kommunikation *Burnout
und andere psycho-somatische Erkrankungen* bei ihren Mitarbeitern.

3.6   Besondere Burnout-Gefährdung für narzisstisch vorbelastete (Führungs-) Mitarbeiter

Die Untersuchung ergab zudem Indizien dafür, dass *narzisstisch vorgeprägte
(Führungs-) Mitarbeiter mit Blick auf Burnout* in *besonderer Weise gefährdet* zu
sein scheinen.

Der sogenannte erfolgreiche Narzisst (Sachse et al. 2011) ist deswegen erfolgreich, weil es ihm gelingt, sein enttäuschtes Anerkennungs- und
Autonomiebedürfnis durch extreme Leistung zu substituieren und damit die
schmerzhafte Verlusterfahrung des Nicht-Anerkanntwerdens bzw. Nicht-Autonom-
Handeln-Könnens zu kompensieren.

Die Basis der hohen Leistungsbereitschaft legt der unbewusste Wunsch, das
in Wirklichkeit angeschlagene bzw. gänzlich fehlende Selbstbewusstsein (sein
Selbstbild lautet: *„Ich bin ein Versager")* durch Leistung zu kompensieren.
Allerdings „übersieht" der narzisstisch vorgeprägte Führungs- / Mitarbeiter den
dabei unbewusst ablaufenden psychologischen Prozess, dass er die Anerkennung
nur für seine Leistung, nicht aber für seine Person bekommt und deswegen die
eigentliche Lücke des nicht erfüllten Anerkennungsmotivs nie schließen kann –
egal durch welches Substitut.

Aufgrund der Untersuchungsergebnisse liegt nahe, dass *Double Bind die
wahre bzw. gemeinsame Ursache für* sowohl die Entstehung diverser *Persönlichkeitsstörungen* als auch für *Burnout und* Erschöpfungs-*Depression* (Unger
und Kleinschmidt 2006) ist. Denn die kontinuierliche Frustration dieser hinter
der großen Leistungsbereitschaft von Narzissten stehenden Antreiber bzw. Beziehungsmotive seitens des Double Bind-Systems lassen die Anerkennungsbemühungen ins Leere laufen.

Laut den Untersuchungsergebnissen erzeuge das Gefühl, stets sein Bestes zu
geben, und es dennoch nicht reiche, psycho-somatisches *„Grummeln im Bauch"*
sowie *Wut* und *Ohnmachtsgefühle*.

Entsprechend der Double Bind-Regel *„Erkenne niemanden vorbehaltlos an.
Wenn er sich wirklich anstrengen würde, würde er vielleicht die Bestätigung erhal-
ten, die er sich wünscht, doch leider, leider wird das nie geschehen."* (Sautter und
Sautter 2014) wird diese (übermäßige) Anstrengung und Leistungsbereitschaft

vom Doulbe Bind-System eben gerade – auf Dauer – nicht honoriert. Der anerken-nungs- und autononomiemotivierte (Führungs-) Mitarbeiter tut gleichzeitig aber immer „mehr desselben", um dies durch erhöhten Leistungseinsatz doch noch zu erreichen.

Weil dies aber Double Bind-immanent niemals eintreten wird, *treibt sich* – speziell – *der narzisstisch veranlagte Mitarbeiter,* welcher sich mit der Organi-sation identifiziert, loyal ist und das Beste tut und die beste Sachlösung für die Organisation geben will, aufgrund seiner persönlichen Antreiber nach Anerken-nung *immer weiter selbst in eine Erschöpfungsspirale hinein,* um das entwick-lungshistorisch verinnerlichte Selbstbild des Versagers „wegzuleisten".

Aus dieser Kompensationsspirale kann er sich meist nicht ohne Hilfe oder Anstoß von außen befreien, es sei denn, die durch diesen Kompensationsmecha-nismus verursachten emotionalen, sozialen etc. *Kosten* (Sachse 2000) erhöhen den Leidensdruck so stark, dass er selbst feststellt, an seinem eigenen Verhaltensmuster Korrekturen vornehmen zu müssen und zu wollen. Solange der Mitarbeiter die alten Muster beibehält, endet diese Double Bind-Persönlichkeitstil-Kompensationsspirale mit hoher Wahrscheinlichkeit im Burnout bzw. einer Erschöpfungsdepression.

Damit sprechen die in dieser Untersuchung aufgefundenen Ergebnisse dafür, dass dem *„Burnout"* sowohl *systemstrukturelle Bedingungen (Double Bind-Organisationen und Double Bind-Führungskräfte) als auch in der Persönlichkeits-struktur (Anerkennung und Autonomie als unbewusst verfolgte, in der Entwick-lung des Mitarbeiters angelegte enttäuschte Bindungs- und Beziehungsmotive)* verankerte Mechanismen zugrunde liegen, was **Burnout zu einem multifaktoriellen Phänomen** mit Bezug zur Verhältnis- und Verhaltenspräventionsebene macht.

Gelingt dem narzisstisch vorgeprägten (Führungs-) Mitarbeiter, seinen Leistungs-Kompensations-Kreislauf zwecks Kaschierung des selbstunsicheren Selbst-Bildes mit teilweise extremen Versagensängsten so im Gleichgewicht zu halten, dass er Dank seines hohen Engagements in der Organisation aufsteigt, ohne auf Dauer von den eigenen Antreibern zerrieben zu werden, kann er psychisch-mental gesundbleiben und bis zur Organisationsspitze aufsteigen. Allerdings kann er dabei Gefahr laufen, sich aufgrund einer durch den Aufstieg verursachten gravierenden Wesensveränderung *in das Psychogramm der dunklen Triade aus Narzissmus, Machiavellismus und Psychopathie* hineinzuentwickeln. Zumal er, ganz an der Spitze angekommen, laut Sachse und Collartz (2015) keine Empathie zwecks wirksamer Manipulationstechniken mehr braucht und sie dadurch evtl. ganz verlernt zu empfinden, was ihn psychopathische Wesenszüge annehmen lässt und damit zusätzlich für die Entwicklung des Dark Triad-Psychogramms prädestiniert.

Gelingt ihm diese Balance nicht oder langfristig nicht ausreichend, wird sein Leidensdruck und die Burnout-Gefahr aufgrund folgender Wirkmechanismen zu hoch.

Überblick

Der *eigentliche Kern-Mechanismus* des ungesunden *Zusammenspiels* von *Narzissmus-Struktur und Double Bind-Mechanismen* liegt nach meiner Einschätzung in Folgendem (siehe Abb. 3.1):

Der narzisstisch vorbelastete (Führungs-) Mitarbeiter steht im permanenten inneren Spannungsverhältnis zwischen seinem lädierten Selbstbild und dem nach außen hin über sehr lange Zeit als Blendgranate *zwecks Verschleierung* des *Selbstbildes „Versager"* propagierten „heilen, perfekten", leistungsstarken *Fremdbild.*

Dieses Spannungsverhältnis hält er auf die Dauer nicht aus bzw. durch, er implodiert quasi.

Denn sein *Leistungsantreiber basiert statt auf kraft- und energiespendenden intrinsischen Annäherungszielen* **auf energiezehrenden extrinsischen Vermeidungszielen** (Vermeidung einer Entdeckung des lädierten Selbstbildes).

So „tropft" wie bei einem undichten Wasserhahn aus seinem individuellen Energie-Gefäß an dem zunächst unmerklichen **„Vermeidungsziel-Leck"** kontinuierlich Energie aus dem Gesamt-Energiebestand heraus.

In Abhängigkeit von der individuellen Resilienz und der Fähigkeit, den Energieverlust durch Copingstrategien aus dem privat-familiären, Hobby-Kontext etc. regelmäßig so aufzufüllen, dass sich Energie-Zu- und Abfluss immerhin die Waage halten, kann die wegtropfende Energie – ggf. sehr lange oder sogar auf Dauer – substituiert oder kompensiert werden.

Übersteigt jedoch der Energie-Abfluss die Auffüllkapazitäten, was sich – entsprechend dem für Burnout beschriebenen sich über Jahre hinziehenden Aggravierungs- und Spiralprozess – langsam und schleichend entwickelt, bleibt derjenige am Ende kraft- und energielos, ausgebrannt (*„burnt-out"*) zurück.

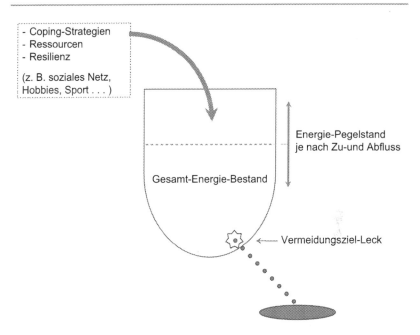

Abb. 3.1 Kern-Mechanismus des ungesunden Zusammenspiels von Narzissmus-Struktur und Double Bind-Mechanismen (© Angelika Kutz 2018)

3.7 Zwischenfazit

Double Bind-Kommunikationsstrukturen in Organisationen haben sowohl auf die Organisationsangehörigen als auch die Organisationen fatale Auswirkungen.

Double Bind-Organisationen entstehen offenbar durch die Kontamination (von oben oder durch Quereinstieg) mit Personen, welche mit dem Double Bind-Virus infiziert sind, vornehmlich Narzissten und subklinischen Psychopathen. Ausgehend von diesem toxischen Infektionsherd infiltriert das Double Bind-Kommunikationsmuster die gesamte Organisation, infiziert Mitarbeiter und das Organisations-System mit dem Double Bind-Virus, diffundiert und verfestigt sich quasi als inflammatorischer Prozess zunehmend im System, weil es entweder von vornherein seitens der obersten Führungsebene vorgelebt wird, oder durch die

Infektion an einer anderen Stelle im System auf alle Systemteile übergreift und nach und nach eine Double Bind-Organisation hervorbringt, weil die infektiöse Person die Organisation qua Manipulation nach ihren Bedürfnissen umgestaltet.

Solche, mit Hilfe von Double Bind agierenden, machtgetriebenen Persönlichkeitsstrukturen in den obersten Reihen einer Organisation ziehen dann oft Personen und (Führungs-) Mitarbeiter mit entsprechenden Psychogrammen nach, während sie gleichzeitig Mitarbeiter mit anderen Psychogrammen bzw. solche mit intakten Wertesystemen aus dem System verdrängen.

Ein *weiterer Risikofaktor* ist die **Umgestaltung der Organisation zur Matrix**, welche die Double Bind-Mechanismen noch einmal zusätzlich befeuert, weil darin die unterschiedlichen auszugleichenden Interessen – Kunde, Effizienz, Strategie, Taktik – im Sinne des Effizienzziels „Wirtschaftlichkeit des Unternehmens" austariert werden sollen, aber gleichzeitig einen gewollten Konkurrenzkampf untereinander mit dem Ziel einer Effizienzverbesserung schürt. Letzteres stellt allerdings nach den oben geschilderten Untersuchungsergebnissen einen *Trugschluss* dar, *weil die Organisation untergeht* anstatt zu prosperieren.

Double Bind fördert *Konflikte*, weil die Interessendivergenzen zum einen nicht zur Zufriedenheit aller aufgelöst werden können, zum anderen – was noch gravierender ist – zu einer **Verdoppelung der Zahl von Unzufriedenen** führt, speziell in einer Matrixstruktur, weil aufgrund „fauler" Kompromisse eine Verantwortungs*verteilung* statt klarer, Sicherheit vermittelnder Verantwortungs*übernahme* stattfindet.

Die *Krux* besteht in dem **Double Bind-immanenten Verbot der Thematisierung des Paradoxons.**

Erlaubt eine Unternehmenskultur die Benennung paradoxer Handlungsanweisungen, entfällt der wesentliche Hauptbestandteile des Double Bind-Musters, welcher die paralysierende Wirkung auslöst; sobald Double Binds benannt werden können, gibt es Auswege aus dem Dilemma. Ansonsten bleiben alle Beteiligten dauerhaft und gesundheitsschädlich in den Double Bind-Zwickmühlen gefangen.

Entscheidend ist also der Umgang einer Organisation mit Double Binds. Implementiert sie eine offene Unternehmenskultur mit authentischer Transparenz sowie der Benennbarkeit von Double Binds, lässt Fehler als Lernchance zu und verhindert eine Infiltration durch mit dem Double Bind-Virus infizierten Personen, hat sie eine Chance, die negativen Double Bind-Konsequenzen zu vermeiden.

Zu den **besonderen Double Bind-Verstrickungen bei Familienunternehmen** siehe *Kapitel 3 aus Auflage 2016_Double Bind in Unternehmen* unter Extras. springer.com.

Theorie-Vorschlag: Burnout und Organisational Burnout – in Wahrheit eine Double Bind-induzierte Arbeitsbindungs- und Arbeitsbeziehungsstörung?

4

Visualisierung des Theorie-Entwurfs in Abb. 4.1a, b.

Kernüberlegung

Das durch *soziale Entwurzelungs-Traumata auf Elterngenerationsseite* (durch z. B. Auseinanderreißen von Familien und sozialem Umfeld u. a. durch Wochenend-, Feiertags- und Schichtarbeit aufgrund der modernen Leistungsgesellschaft (modernes Nomadentum) bzw. Migration, Vertreibung, Flucht durch u. a. Krieg, humanitäre Katastrophen, Agrarkrisen) induzierte und – jeweils transgenerationell weitergereichte – *toxische Double Bind-Kommunikations- und Interaktionsmuster löst im familiären* wie *Organisationskontext vergleichbare Folgen aus.*

Theorie-Ansatz 1

Double Bind bewirkt im *familiären Kontext eine familiäre Bindungs- und Beziehungsstörung* mit der *Folge markanter Persönlichkeitsstile oder sogar Persönlichkeitsstörungen.*

Theorie-Ansatz 2

Double Bind löst im *Organisationskontext eine Arbeits-Bindungs-Störung bzw. Arbeits-Beziehungs-Störung aus mit der Folge zerstörter Mitarbeiter und Organisationen.*

Organisationsangehörige reagieren auf Beziehungsmotiv-Eingriffe seitens der Organisation mit Krankheit auf den drei Kanälen *psychische* (einschließlich der Verstärkung schon vorhandener Persönlichkeitsstörungen), *psycho-somatische* oder *physische Erkrankungen, Burnout,* mit *Fluktuation* und ggf. sogar Suizid, *was zu abnehmendem Employer-Branding* und *Braindrain* führt (Kutz 2017). Die durch Double Bind verursachte Frustration löst Motivations- und Kreativitätsverlust sowie Arbeitsfreudeeinbußen aus (Kutz 2016), wodurch wegen sinkenden

© Springer Fachmedien Wiesbaden GmbH, ein Teil von Springer Nature 2018
A. Kutz, *Double-Bind-Kommunikation als Burnout-Ursache,* essentials,
https://doi.org/10.1007/978-3-658-21917-8_4

Engagements der Belegschaft eine rechtzeitige Anpassung der Organisation an sich wandelnde Umstände durch notwendige Innovationen und Lernprozesse ausbleibt, die Organisation stagniert und schließlich, wie schon vorher ihre Mitarbeiter, im ebenfalls Double Bind-induzierten „Organizational Burnout" untergeht.

Theorie-Ansatz 3
Diese *Double Bind-verursachte Arbeits-Beziehungs-Störung führt auf individueller Mitarbeiterebene zu einem erhöhten Burnout-Risiko,* insbesondere bei narzisstisch vorgeprägten Führungskräften (Abschn. 3.6).

4.1 Ausgangspunkt: Soziale Entwurzelungs-Traumata

Double Bind-Kontexten liegt meist ein *Familiengeschichtstrauma* zugrunde (Sautter und Sautter 2014). Besteht dieses z. B. im Auseinanderreißen von Familien und sozialem Umfeld u. a. durch Wochenend-, Feiertags- und Schichtarbeit aufgrund der modernen Leistungs- und Wachstumsgesellschaft (modernes Nomadentum) bzw. Migration, Vertreibung, Flucht durch u. a. durch Krieg, humanitäre Katastrophen, Agrarkrisen, also einem „Heimatloswerden", führt dies psychologisch zu *Entwurzelungs-Traumata auf Elterngenerationsseite* und dazu, dass diese Personen ihre „Heimat in sich selbst" verlieren oder sie nie erlangen. Dadurch können sie anderen, speziell ihren Nachfahren, keine in sich ruhende „Heimat in sich selbst" weitergeben.

Da die so Betroffenen intensiv mit der Aufrechterhaltung / (Re-)Organisation ihrer Lebensumstände beschäftigt sind, bleiben die traumatisierenden Erlebnisse weder an- noch ausgesprochen, weder be- noch verarbeitet. Zurück bleibt ein *unverarbeitetes Trauma* – nach den Überlegungen hier die *Ausgangslage für* die *Double Bind-Wirkung.*

Die so Traumatisierten durften, speziell, wenn sie als Kinder von den Kriegs- und Fluchtereignissen betroffen oder extremem Leistungsdruck ausgesetzt sind, im Grunde zu keiner Zeit „in Ruhe und Frieden" Kind sein. Dadurch werden sie zu schnell „erwachsen", besser: durch zu frühe Notwendigkeit von Verantwortungsübernahme *ins zu frühe Erwachsenwerden getrieben* – so dies nicht andere Bezugspersonen kompensieren konnten. Teilweise müssen sie aufgrund von Todesfällen von Bezugspersonen deren Erwachsenen-Rollen als Ersatz im Familiensystem einnehmen. Speziell ein Hineingeraten in Vater- und / oder Mutterersatz-Rollen führt dabei zu Rollenkonfusionen und Rollenunsicherheiten, welche das weitere Leben prägen und vor allem dazu führen, dass sie sich ihrer selbst nicht sicher, und damit sich ihrer selbst nicht bewusst sind.

Damit *leidet* ihr Gespür für ihre *Identität*. Ihr *Selbstbewusstsein / Selbstwertgefühl* und ihre *Selbstsicherheit werden beschädigt*.

4.2   Auswirkungen auf frühkindliche Bindung

Hier wird die *Bindungstheorie* relevant, denn aufgrund des Traumas sind diese Personen in der Elternrolle selbst unsicher – selbst-unsicher – und verunsichert, weil sie durch die traumatisierenden Ereignisse wesentliche natürliche Reifungs- und Entwicklungsstufen „überspringen" bzw. nicht internalisieren konnten.

Durch das Trauma verkörpern sie – in unterschiedlichen Changierungen und Schweregraden auf einem gedachten Kontinuum – sehr wahrscheinlich die *Bindungseinstellung unresolved,* welche auf einem unverarbeiteten Trauer- bzw. Traumaprozess beruht.

Dadurch setzt sich ihre eigene Rollenunklarheit über ihre innere Haltung gegenüber sich selbst und anderen – gerade auch gegenüber den eigenen Kindern – fort und äußert sich in weiterer Folge in Form inkongruenten Kommunikations- und Interaktionsverhaltens, dem *Double Bind.*

Dies wiederum hat Auswirkungen auf die Bindungsmuster der Nachkommen, also den *Bindungstyp der Kinder* dieser Eltern mit der unverarbeiteten eigenen Traumaerfahrung. So andere Bezugspersonen diesen Mechanismus nicht kompensieren können, entwickeln diese Kinder kein gesundes Ur- bzw. Selbst-Vertrauen und damit wird das mangelnde Selbst-Wertgefühl bzw. das verletzte Selbst-Bewusstsein der traumatisierten Elterngeneration transgenerationell über die Bindungsmechanismen an die nachfolgende(n) Generation(en) weitergegeben.

Mit dem sogenannten *D-Typ* korrespondieren zum einen die *Bindungseinstellung unresolved* der Eltern mit unverarbeiteten Traumaerfahrungen, zum anderen der Double Bind mit seiner ohnmachtverursachenden lose-lose-Situation (bzw. laut Stäheli 2016: No-win-Situation).

Double Bind beruht also oft auf einem Trauma der Vorgeneration, welches über die Bindungs- und Beziehungsstrukturen transgenerationell weitergegeben wird, und ist damit als Beziehungstrauma einzuordnen, was bereits Bateson et al. (1956) mit ihren Worten umschrieben hatten.

Demgegenüber können Eltern, welche selbst sichere – selbst-sichere – Verhältnisse erfahren haben, vor allem keinen Heimatverlust zu verkraften hatten, aufgrund ihrer eigenen Selbstsicherheit und Rollenklarheit (Kindrolle, Reifung, Erwachsenenrolle) und ihres balancierten, gesunden Selbstbewusstseins und

Selbstwertgefühls die *autonome Bindungseinstellung* ausfüllen. Dadurch können sie aufgrund ihrer Rollenklarheit und einer entsprechend klaren inneren Haltung, gegenüber sich und anderen, die Autonomie des anderen respektieren. Eltern mit der *Bindungseinstellung unresolved respektieren* diese *Autonomie des anderen* gerade *nicht,* was den **Grundstein für** die **Schwierigkeiten mit dem Beziehungsmotiv Autonomie** in allen hier mit dem *Double Bind* in Verbindung gebrachten weiteren Zusammenhängen legt.

Dieses **Nicht-Respektieren des Beziehungsmotivs Autonomie** geschieht z. B. durch emotionale Vernachlässigung, Ignorieren der kindlichen Bedürfnisse, oder das Eingehen auf die Kinder zu einem nicht geeigneten Zeitpunkt (Unter- bzw. Überstimulation). Andere Auslöser können sein: Übergriffigkeit, z. B. durch Überstimulation, oder die Kinder für eigene Bedürfnisbefriedigung für zuständig zu erklären und damit *die Rollen umzukehren (Parentifizierung).* Letzteres zwingt die Kinder zur Übernahme einer Verantwortung, welche ihrer Rolle und Entwicklungsstufe nicht entspricht und sie überfordert – mit wieder emotional traumatisierenden Folgen aufgrund einer zu frühen und an der verkehrten Stelle aufgebürdeten Verantwortungsübernahme mit der dadurch ausgelösten Rollen-unklarheit für alle künftigen Entwicklungs- und Reifungsschritte. Kinder von Eltern der *Bindungseinstellung unresolved* zählen im späteren Berufsleben wahrscheinlich zu den selbst-unsicheren Kollegen bzw. Führungskräften und laufen eher Gefahr, in Konfliktsituationen zu geraten.

Kinder von Eltern mit der *autonomen Bindungseinstellung* hingegen sind sicher gebunden *(B-Typ)* und entwickeln ein gesundes Ur-Vertrauen (nach Erickson) (Bergner 2016), Selbst-Vertrauen und Selbst-Bewusstsein – sind sich ihrer selbst bewusst. Im späteren Arbeitsleben stellt diese Gruppe sehr wahrscheinlich selbst-sichere Kollegen und Führungspersonen, welche als „gestandene Persönlichkeiten" gute kollegiale Beziehungen bzw. gute Menschenführung praktizieren.

4.3   Auswirkungen auf Beziehungsmotive auf privater Ebene

Eine psychologische Schicht „über" den die grundsätzliche Basis verankern-den Bindungsmustern sind die von Sachse (2000) beschriebenen sechs **Beziehungsmotive Anerkennung, Autonomie, Grenzen** und **Territorialität,** sowie **Verlässlichkeit, Solidarität** und **Wichtigkeit** angesiedelt, welche in der Entwicklungsgeschichte eines Menschen für eine ausgeglichene Persönlichkeit in ausreichendem Maße „befriedigt" worden sein müssen.

Bei nicht ausreichender Befriedigung eines oder mehrerer dieser Beziehungsmotive bleiben diese ständig in der Motiv-Hierarchie weit oben und „geben keine
Ruhe", bis sie faktisch oder durch Kompensationssubstitute bedient werden.
Kommuniziert und handelt eine Person entsprechend ihrer authentischen Beziehungsmotive, interagiert sie mit anderen kongruent. Anderenfalls handelt sie
inkongruent und unauthentisch, manipulierend, intransparent und verschleiernd,
also mit *Double Bind*.

> Nach den hier analysierten Überlegungen *greifen* nun die *Double Bind*-
> spezifischen Kommunikations- und Interaktionsmuster derjenigen, welche
> Double Bind zwecks Bindung der anderen Person an die eigene Person ver-
> wenden, in die *Beziehungsmotive* ein, vor allem in dasjenige der *Autono-
> mie,* aber auch der *Anerkennung* und der *Grenzen/Territorialiät* sowie ggf.
> auch in die übrigen.

Dieser Eingriff in die Beziehungsmotive dürfte sowohl im familiären Umfeld als
auch im Organisationskontext eine, wenn nicht sogar *die* zentrale Rolle für die
Auswirkungen der toxischen Double Bind-Wirkung spielen, und zwar über die
Kette *Ursprungstrauma* und die damit verbundene ***Bindungsproblematik*** mit
beschädigtem Selbstbewusstsein auf die Persönlichkeitsentwicklung von Menschen und schließlich ***Beziehungsmotiveingriff**, vorrangig in* die *Autonomie*.

Im **privaten / familiären Kontext** äußern sich diese Beziehungsmotivverlet-
zungen in der Entwicklung – je nach Schweregrad – ggf. echter Persönlichkeitsstörungen.

Bei einer Verletzung der Beziehungsmotive Autonomie und Anerkennung
kann sich dies in Form von Zwang, Narzissmus oder Psychopathie äußern.
Grenzverletzungen ziehen vorwiegend den passiv-aggressiven Stil (Sachse und
Collartz 2015) nach sich. Der psychopathische Stil unterscheidet sich von den
anderen dadurch, dass die Person an kein Wertesystem gebunden ist und etwaige
vorhandene Empathie jederzeit willentlich abschalten kann, was den Psychopathen zu dem für ihn typischen, hochgradig skrupellosen und andere bei Bedarf für
die eigenen Zwecke rücksichtslos vernichtenden Vorgehen befähigt.

Aufseiten des **privaten, familiären Kontextes verursacht Double Bind
demnach offenbar eine familiäre, *transgenerationell weitergegebene* Bin-
dungs- und Beziehungsstörung mit der Gefahr**, dass sich dadurch bei den vom
Double Bind-Kommunikations- und Interaktionsmuster Betroffenen markante

Persönlichkeitsstile / Persönlichkeitsstörungen sowie andere psychische Störungsbilder wie Angst-, Panik- oder depressive Störungen herausbilden.

Mit zunehmender sozialer Entwurzelung aufgrund der modernen Arbeitsgesellschaft sowie der Häufigkeit, Intensität, Dauer und Grausamkeiten von Kriegen, Terror und anderen Auseinandersetzungen bzw. Umweltkatastrophen, einschließlich der dadurch ausgelösten weltweiten Wanderungsbewegungen, nehmen Traumata schon rein zahlenmäßig und in ihrer Intensität zu, was den *Teufelskreislauf aus „Trauma – Bindungsstörung – Beziehungsmotivverletzung – Weitergabe in aggravierter Form an die nächste Generation"* immer weiter anheizt.

4.4   Verbindungen zur Transaktionsanalyse

Zusätzlich zu der Bindungsproblematik und dem Konstrukt der Beziehungsmotive wird hier die **Transaktionsanalyse** mit ihren Ich-Zuständen *Eltern-Ich, Erwachsenen-Ich,* und *Kind-Ich* (Hagehülsmann 2017) bedeutsam.

Diese differenziert zwischen komplementärer, also kongruenter Interaktion und „überkreuzten", also inkongruenten, Interaktionszuständen.

Diese „überkreuzten" Interaktionszustände erscheinen in den Varianten

- **komplementär** (z. B. kritisches Eltern-Ich und angepasstes Kind-Ich),
- **gekreuzt** (z. B. Erwachsenen-Ich wird mit kritischem Eltern-Ich beantwortet) oder
- **verdeckt** (z. B. vordergründige Sachaussage im scheinbaren Erwachsenen-Ich wird mit nonverbalen Anteilen des kritischen Eltern-Ichs kombiniert und mit scheinbarer Sachaussage und vermeintlichem Erwachsenen-Ich erwidert, welches bei genauem Hinsehen auf den weiteren Kommunikationsebenen aber aus dem trotzigen Kind-Ich heraus geschieht)

Die **letzte Variante** entspricht wegen der sich verbal und nonverbal widersprechenden Kommunikations- und Interaktionsebenen dem **Double Bind** – mit allen ungesunden Konsequenzen.

Einem **gesunden Reifungsprozess** vom Kind über die Adoleszenz hin zum Erwachsenen entspricht eine Entwicklung über sichere Bindungen, ein balanciertes Gleichgewicht auf der Ebene der Beziehungsmotive, ein auf beiden basierendem gesundem Selbstwertgefühl und Selbstbewusstsein sowie einer am Ende entsprechend herausgebildete erwachsenen inneren Haltung zu sich selbst und anderen mit einer klaren Rollenvorstellung und positiv-wertschätzenden

Grundeinstellung zur Außenwelt, was diese Person zu kongruenten Kommunikations- und Interaktionsmustern befähigt. Der **traumabedingte Double Bind hingegen** bringt diesen gesunden Entwicklungsprozess auf den geschilderten Ebenen aus dem Gleichgewicht und führt dadurch zu diversen Schieflagen in der weiteren Entwicklung, welche sich später in vielen Lebensbereichen äußern – im privaten wie beruflichen Umfeld.

4.5 Bezug zum Brave-Tochter / Sohn-Syndrom bzw. Kriegsenkeldiskussion

Nach meiner Vermutung können sowohl die Überlegungen zum **„Brave-Tochter/ Sohn-Syndrom"** mit der transgenerationell weitergegebenen traumatisierenden Erfahrungen in der Familiengeschichte, die schon die Vorgenerationen nicht „Kind sein ließen" (Scherrmann-Gerstetter und Scherrmann 2007) als auch die gesamte **Kriegsenkeldiskussion** (http://www.kriegsenkel.de/; Login: 17.05.2017) – beide im Detail dieses *essential* sprengend – ebenfalls in diesen Zusammenhang gestellt werden.

Bei ersterem erfolgt ähnlich wie bei der Parentifizierung eine zu frühe Verantwortungsübernahme der Kindergeneration für die stets, auf Dauer und kontinuierlich „überlasteten" und „überbeanspruchten" Eltern, wobei diese Überlastung bzw. Überbeanspruchung von der Elterngeneration dadurch „hausgemacht" ist, dass sie sich unbewusst mit so übermäßig vielen Aufgaben selbst belasten, um sich den eigenen traumatischen Erlebnissen nicht stellen zu müssen.

Bei letzterer setzen sich die Kriegs- und vor allem Vertreibungstraumata-Erfahrungen der vom 2. Weltkrieg betroffenen Generation zusätzlich zu den beschriebenen Persönlichkeitsstörungsentwicklungen mit Angst-, Panik- und depressiven Störungen fort. Diese werden in der Kriegsenkeldiskussion mit den „drastisch anwachsenden Depressionen, mit Burnout sowie mit Angst- und Panikattacken in der zeitgenössischen Gesellschaft in Verbindung gebracht" (Meyer-Legrand 2017).

Die Traumatisierungsmechanismen (Krieg, Vertreibung) sind also dieselben und die Folgen ähneln jeweils auffällig den hier vermuteten Double Bind-Folgen.

Diese Parallele wird besonders deutlich in dem Originaltext, dass **„Kinder der Kriegskinder in einer Art doppelter Realität aufgewachsen"** sind bzw. *„Seine Welt hat weder doppelte Böden noch heimliche Regeln",* was den Double Bind, bzw. die daraus resultierende Selbstbewusstseinsproblematik gut umschreibt, welche wiederum in dem *Satz „wer als Kind nicht gesehen wurde, der entwickelt keinen Blick für sich selbst"* deutlich wird (Matthias Lohre; http://

www.zeit.de/gesellschaft/zeitgeschehen/2016-04/kriegsenkel-2-weltkrieg-fol-gen-erbe-schuldtrauma/komplettansicht; Login: 17.05.2017).

4.6 Beziehungsmotive als Schnittstelle zwischen den Systemen Familie und Organisation

An der Stelle der sechs Beziehungsmotive von Sachse *überschneiden sich* die beiden, am gesamtgesellschaftlichen „Mobile" hängenden Systeme *Familien-/Privatumfeld-System* einerseits und *Organisations-System* andererseits, *was zu Wechselwirkungen zwischen den Systemen führt.*

Zum einen zeitigen die Double Bind-Eingriffe in diese Beziehungsmotive auf der privaten, familiären Ebene die beschriebenen Folgen. Zum anderen sind es diese, mit Double Bind und all seinen Folgen vorbelasteten Personen, welche in die Organisations- und Arbeitskontexte hineingehen.

Dadurch *„schleppen" sie den toxischen Double Bind-Virus in die Organisationsysteme ein,* wo dieser sein infizierendes Werk beginnen kann. Dies geschieht offenbar noch verstärkt, wenn es sich dabei um Personen mit psychopathischem Persönlichkeitsstil handelt, welche ein Organisations-System in besonders virulenter Weise infizieren und sich zu eigenen Aufstiegs- und Profit-Zwecken umgestalten.

4.7 Auswirkungen von Beziehungsmotiveingriffen auf Organisations-Ebene

Meine weitere Vermutung geht von einer *Parallele* zwischen *den Beziehungsmotiveingriffen auf privater und organisationaler Ebene* aus.

Dieselben sechs Beziehungsmotive wirken offenbar auch im Arbeits- und Organisationskontext und jeder Beziehungsmotiveingriff seitens einer Double Bind-Organisation hat vergleichbare toxische Auswirkungen wie auf rein persönlich-privater Ebene. Denn jedem Beziehungsmotiv entspricht vermutlich mindestens eine, hier beispielshaft zur Diskussion gestellte, psychologische Fragestellung mit Blick auf den Arbeitskontext.

- Der eingeräumte Entscheidungs- und Handlungsspielraum steht in Wechselwirkung mit dem Beziehungsmotiv *Autonomie.*
- Welchen Wert ihm die Organisation als Mitarbeiter beimisst, hat Einfluss auf die erfahrene *Anerkennung.* Bleibt die Leitlinie „*Unsere Mitarbeiter sind*

unsere wichtigste Ressource" ein reines Lippenbekenntnis oder wird sie tatsächlich gelebt?

- Zu **Grenzen** gehört, ob es in der Organisation klare Aufgaben und Zuständigkeiten gibt. – In der Matrixorganisation gerade nicht der Fall.
- Verknüpft mit **Verlässlichkeit** ist die Frage des *Umgangs mit Vertraulichkeit in der Organisation.*
- Der Grad der **Solidarität** wird vom Mitarbeiter unter anderem daran gemessen werden, *ob die Vorgesetzten hinter ihm stehen, nach innen* und vor allem *im Außenverhältnis* mit Dritten.
- Über die **Wichtigkeit** entscheidet, ob es eine *ernsthaft gelebte, authentische Einbindung der Mitarbeiter* in Entscheidungs- und Arbeitsprozesse gibt.

Werden diese Beziehungsmotive seitens der Organisationskultur und der darin agierenden Führungskräfte verletzt, **geht das Vertrauen in die Organisation** und in eine balancierte, ausgeglichene Behandlung dieser Beziehungsmotive durch die Organisation **und ihre Verantwortlichen verloren.**

Hier scheint sich der Kreis zu der **Unterscheidung zwischen sicher gebundenen Führungskräften / Mitarbeitern**, und **unsicher gebundenen, welche durch eigene traumatisierende Double Bind-Kommunikationsstrukturen** ein ursprünglich faktisches Trauma transgenerationell und überpersonell tradierend **weitertragen**, zu schließen.

Erstere sind von eigenem Urvertrauen getragen, mit gesundem und in sich ruhendem Selbstbewusstsein und mit einer darauf basierenden positiv-wertschätzenden Grundhaltung gegenüber sich selbst und anderen ausgestattete *„gestandene Persönlichkeiten"*, welche *anderen ihr Vertrauen schenken und damit eine Vertrauenskultur schaffen und erhalten* können.

Letztere tragen das ihnen eingepflanzte Bindungs- und Beziehungstrauma weiter. Durch ihr fehlendes eigenes Urvertrauen, ihr ungefestigtes Selbstwertgefühl und einer darauf basierenden abwertenden Grundhaltung sich selbst und anderen gegenüber können sie keine Vertrauenskultur zwischen Mitarbeitern und Kollegen in Organisationen erschaffen oder aufrechterhalten.

Damit **führt Double Bind** zur **Zerstörung von Vertrauen**, verhindert eine **Vertrauenskultur** in einer Organisation und führt stattdessen zu

- *Misstrauen*
- *Passivität*
- *Zurückhaltung / inneren Kündigungen / hohen Krankenständen*
- *reduzierter Leistungserbringung.*

Dadurch tritt das *Unternehmen auf der Stelle, Entwicklungen und rechtzeitige Anpassungen an den Markt werden nicht nachvollzogen*, die *Ertragslage sinkt*, der *Kostendruck steigt*.

Die *Arbeits-Atmosphäre leidet, die Mitarbeiter kommen nicht gerne zur Arbeit oder melden sich häufig krank und bringen sich nicht ein*.

Denkt man das Privatsystem auch für die Organisationsseite weiter, ergeben sich auch hier Parallelen. *Anerkennungs- und Autonomie-Eingriffe seitens der Organisation* bringen narzisstische und psychopathische Züge bis hin zur *Dark Triad* in Mitarbeitern und Führungskräften hervor bzw. verstärken oder verfestigen schon vorhandene.

Hinzu kommt die aus den Untersuchungsergebnissen abgeleitete Erkenntnis, dass Menschen, speziell ehrgeizige, *auch noch im Zuge eines intendierten Aufstiegs in der Organisation* **Wesensveränderungen** durchlaufen können – bis hin zum Vollbild des Psychopathen. Hier schließt sich der Kreis zu dem von Gruen (2013) entwickelten Gedanken, dass sich Psychopathen aufgrund ihres nicht vorhandenen intakten Wertesystems in totalitären Double Bind-Systemen anpassen und alle – auch kriminelle – Auswüchse des Systems unhinterfragt „mitmachen".

Diejenigen mit intaktem Wertesystem, welche diese Auswüchse und das System hinterfragen bzw. infrage stellen, werden **entweder** vom System ausgelöscht – im totalitären Kontext durch Internierung, Gehirnwäsche oder physische Vernichtung. **Oder** aber, sollte es ihnen gelingen, diesen Konsequenzen zu entgehen, ihnen bleibt bei einem (äußerlich unversehrten) Verbleib im System nur die Flucht in die innere Emigration, nach Gruen (2013) *„schizophren"* zu werden. Die Parallele zu dem Auffinden des Double Bind-Musters im Schizophrenie-Umfeld durch Bateson et al. (1956) ist auffällig.

Ausdruck dieser *inneren Abspaltung und Distanzierung vom System* sind zum einen die drei Reaktionskanäle – psychische, psycho-somatische und physische Krankheiten (Kutz 2016) – zum anderen, in die innere Kündigung mit Dienst nach Vorschrift zu gehen, so kein Arbeitsplatzwechsel möglich ist. Denn bei intaktem Wertesystem, welches die Person aufrechterhalten will, bleibt – als „symbolisches" Verlassen des Systems nur die „Flucht" in die psychische, psycho-somatische bzw. physische Krankheit oder den Burnout, was im übertragenen Sinne Gruen's Abspaltung nach innen *(„schizophren")* entspricht. Die katastrophalste Systemflucht stellt – häufig vermittelt über die Depression – der Suizid dar.

Auch hier unterscheidet sich der Psychopath von Narzissten dadurch, dass letzterer im Gegensatz zu ersterem offenbar grundsätzlich noch ein Wertesystem hat, welches ihn leiten kann, sowie grundsätzlich zu Empathie befähigt ist, was nicht heißt, dass er nicht wie der Psychopath gute Aufstiegschancen in der

Organisation hat. Deswegen befinden sich auch viele Narzissten in Führungspositionen und nehmen auf dem Weg dorthin aufgrund möglicher Wesensveränderungen sogar psychopathische Züge an, was letztlich auch in dem *Extrempsychogramm* der *Dark Triad* gipfeln kann – das wohl bisher *toxischste Ergebnis solcher Quereinstiegs- oder Aufstiegs- und Anpassungsprozesse.*

Personen mit Dark Triad-Psychogramm zerstören nicht nur die Mitarbeiter psychisch, somatisch oder „nur" karrieretechnisch, weil sie der Dark Triad-Person in die Quere kommen oder ihr – vor allem fachlich – zu gefährlich werden, sondern agieren ausschließlich zum Zweck, ihre eigenen Macht-, Profilierungs- und Profitziele – skrupellos und ohne jede Rücksicht auf irgendwelche Folgen sowohl für Personen als auch für die Organisation – durchzusetzen und zu erreichen.

Gerade der letzte Aspekt *trägt erheblich zu den Selbstzerstörungstendenzen einer Double Bind-Organisation* bei.

Denn diese *hier vermutete Arbeitsbindungs- und Arbeitsbeziehungsstörung* führt dazu, dass die Double Bind-Organisation ihre Mitarbeiter wegen des vordergründigen Eingriffs in deren Autonomie häufig nicht dauerhaft halten können, was auch den zunehmenden generellen Wechseltrend von Mitarbeitern erklären könnte, und was zusammen mit der *dadurch ausgelösten vermehrten Fluktuation als physische Flucht aus dem Double Bind-System* zu *Know-How- und Braindrain* führt.

Denjenigen, welchen ein *Wechsel nicht möglich* ist, bleiben nur *die drei Reaktionskanäle* (psychisch/psycho-somatisch/physisch), der *Burnout bzw.* die *innere Kündigung mit Dienst nach Vorschrift als innere Flucht aus dem System.*

Letzteres ist für die Organisation genauso schädlich, weil zusammen mit der *Kreativität* der Mitarbeiter bei der sach- und problemorientierten *Lösungsfindung*, deren *Arbeitszufriedenheit, Arbeitsmotivation* sowie *Produktivität* und *Ergebnisqualität sinkt, stagniert* bzw. *versiegt.*

Das Double Bind-System und seine obersten Repräsentanten suchen daraufhin etwaige Fehler allerdings regelmäßig nicht etwa in Systemumständen, sondern ausschließlich bei einzelnen Mitarbeitern – *Suche nach dem Schuldigen statt Fehler als Lernchance und Weiterentwicklungsmöglichkeit* für Produkte, Prozesse und die Gesamtorganisation *zu begreifen.*

Damit hindert sich das *Double Bind-System*, daraus zu lernen, was wiederum unterbindet, dass sich eine Double Bind-Organisation im Sinne der *lernenden Organisation* (Argyris 2002; Visser 2003) weiterentwickelt und kontinuierlich an sich ändernde Umstände anpassen kann. Aufgrund der dadurch verhinderten Entwicklung *stagniert* die Double Bind-Organisation, was über den sogenannten *Organizational Burnout* letztlich in den im Rahmen der Untersuchung als *Knall* bezeichneten Effekt des Auf- bzw. Verkaufs, der Fusion oder Insolvenz und damit in die *Selbstzerstörung der Double Bind-Organisation* führt.

4.8   Kollusion zwischen dem institutionalisierten Psychopathen „Corporation" und Corporate Psychopaths

Die in den USA durch analoge Anwendung der Ergänzung Nr. 14 zur US-Verfassung – ursprünglich zum Schutz befreiter Sklaven implementiert – auch für die Unternehmensform *Corporation* vorgenommene Gleichstellung mit realen Personen und deren Rechten auf Unantastbarkeit ihres Besitz und ihrer „Persönlichkeit" (The Corporation, Minute 9:14 ff.; https://www.youtube.com/watch?v=4PSxtJNp9Pc; Login: 04.10.2017) setzt diesem Gesamt-Konstrukt die pathologische Krone auf.

Denn diese globalisierte, ausschließlich auf Gewinnmaximierung um jeden, auch illegalen, Preis und unter rücksichtsloser, empathieloser, beziehungsloser, skrupelloser, ungeachtet jeden Rechts und Gesetz, Moral oder Wertesystems auf Verbrauch und Verschleiß gerichtete Ausbeutung, Zerstörung und unwiederbringlichen Vernichtung tatsächlich aller Ressourcen (Menschen, Rohstoffe, Umwelt, Natur und intaktes Ökosystem) ausgerichtete Unternehmensform *Corporation* erfüllt selbst fast alle DSM-5- bzw. ICD-10-Merkmale (Diagnoseschlüssel beide je F60.2) der Antisozialen bzw. Dissozialen Persönlichkeitsstörung, worunter auch die Psychopathie gefasst wird.

4.9   Fazit

Die Double Bind-induzierte Arbeitsbindungs- bzw. Arbeitsbeziehungsstörung setzt demnach vermutlich – befeuert durch psychopathisch oder sogar Dark Triad-veranlagte Organisationsmitarbeiter bzw. Führungskräfte – eine Selbstwertvernichtungsmaschinerie in Gang, welche zuerst die Mitarbeiter zerstört, um dann in weiterer Folge aufgrund des skrupellosen Verbrauchs sämtlicher menschlicher, ökonomischer und natürlicher Ressourcen den Untergang der Organisation selbst auszulösen, die sich wie jedes (totalitäre) Double Bind-System am Ende selbst abschafft.

4.10   Theorie-Skizze

Siehe Abb. 4.1a, b

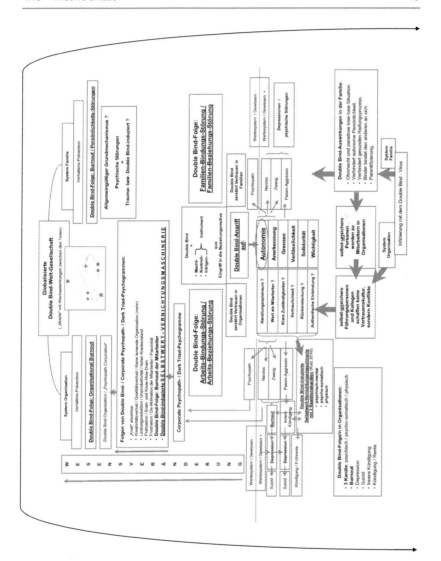

Abb. 4.1a Theorie-Skizze – oberer Teil; unterer Teil nächste Seite. (© Angelika Kutz 2018)

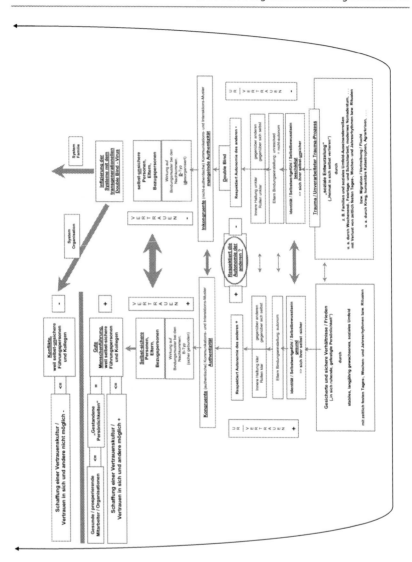

Abb. 4.1b Theorie-Skizze – unterer Teil; Fortsetzung von vorheriger Seite. (© Angelika Kutz 2018)

4.11 Vermuteter, weltweiter, gesamtgesellschaftlicher, sich aggravierender Teufelskreis

Zieht man den Fokus mit Blick auf die Globalisierung noch ein bisschen größer, entsteht folgende Vermutung:

> *Double Bind = Entwurzelungs-Traumafolge und Ursache für eine weltweite, pandemische, transgenerationell weitergegebene, sich aggravierende Psycho-Seuche der modernen Leistungs- und Wachstumsgesellschaft?*

Also ein sich stetig aggravierender *Teufelskreis* (Abb. 4.2) mit *kontinuierlich grausamer werdenden Kriegen unter Einsatz immer letalerer Waffen* aus:

- *Double Bind als Entwurzelung-Trauma-Folge*
- *Double Bind-induzierte Bindungs- und Beziehungsstörungen im Privat- und Organisations-Kontext mit Kompensation durch Leistungs- und Gewinnmaximierung*
- *Protegieren psychopathischer Psychogramme an die Schaltstellen von Organisationen und Staaten*
- *Zerstörung der Organisationsangehörigen*
- *Zerstörung der Organisationen / Systeme durch Fusion, Übernahme, Auflösung*
- *Zentralisierungs- und Totalitarismen-Tendenzen auf organisationaler, politischer und staatlicher Ebene und ihrer Systeme mit zunehmender Gefahr weiterer Kriege, Kriegs- und Entwurzelungstraumata mit weiterer Kompensation durch Leistungs- und – vermeintlich – unbegrenzter Wachstumsgesellschaft.*

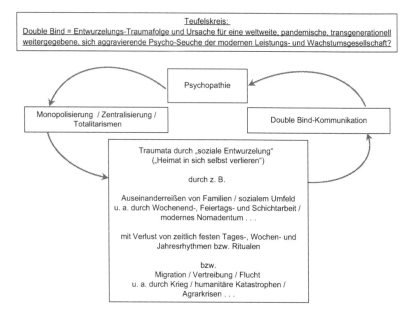

Abb. 4.2 Teufelskreis. (© Angelika Kutz 2018)

Weitere – vielleicht etwas gewagte – Vermutungen / Fragestellungen

5

- Ist Double Bind als Traumafolge evtl. im Gehirn durch bestimmte Marker / Narben / Strukturveränderungen nachweisbar?
- Früher: materielle toxische Gefahrenstoffe – heute: psychische toxische Gefahrenstoffe?

Lassen sich *eventuell diverse psychische Beeinträchtigungen,* einschließlich Burnout und Depression, unter Berücksichtigung der geschilderten Mechanismen als *Traumafolgeerkrankung* vermittelt über die *Double Bind-induzierte Selbstwertvernichtungsmaschinerie basierend* auf *unsicheren Bindungs- und Beziehungsmotivkontexten* und „abgewürgter" Autonomie einordnen?

Liegt damit eine Fehldiagnostizierung vor? Muss die *Diagnose* statt „Burnout" **nicht vielmehr** lauten: *„Traumafolge Bindungs- und Beziehungsstörung";* mit der *Konsequenz, dass alle Anti-„Burnout"-Maßnahmen* (vorübergehende Entfernung aus dem Arbeitskontext, Entspannungsübungen wie Massagen, Reha, Therapie, auch Psychotherapie) *lediglich Symptombehandlungen anstatt Ursachenbekämpfung sind?* – zumal, wenn die Psychotherapie nicht an der hier vermuteten Kernursache der traumabedingten Bindungs- und Beziehungsstörung ansetzt.

Problem dabei: Echte Ursachenbekämpfung läge damit in der sofortigen Beseitigung aller traumatisierenden Entwurzelungs-, Kriegs- und Vertreibungsursachen; eine eher unwahrscheinliche Option, wenn sich die Hypothese als richtig erweisen würde, dass es sich bei dem im Theorie-Vorschlag angedachten Teufelskreis (Abb. 4.2) tatsächlich um ein Universalprinzip handeln könnte.

© Springer Fachmedien Wiesbaden GmbH, ein Teil von Springer Nature 2018
A. Kutz, *Double-Bind-Kommunikation als Burnout-Ursache,* essentials,
https://doi.org/10.1007/978-3-658-21917-8_5

Ist *toxischer Double Bind die wahre bzw. gemeinsame Ursache für* sowohl die Entstehung diverser *Persönlichkeitsstörungen* als auch für den sogenannten *Burnout* bzw. (Erschöpfungs-) *Depression* aufgrund der sich totlaufenden Anerkennungsbemühungen durch die konstante und kontinuierliche Frustration dieser hinter der großen Leistungsbereitschaft stehenden Antreiber bzw. Beziehungsmotive durch das Double Bind-System *und letztlich* in weiterer Konsequenz *des Organisationsuntergangs* im Sinne des *Organizational Burnout?*

Führt *Double Bind* über eine *beziehungsgestörte globalisierte (Welt-) Gesellschaft* zu dem grassierenden *weltweiten Werteverlust?*

Trägt die zunehmende Politisierung aller Lebensbereiche wegen der dort (bewusst?) unklar gehaltenen Ziele zu einer Vermehrung und Verschärfung von Double Bind-Kommunikation in Organisationen und anderen Lebensbereichen bei?

Gibt es eine Parallele zwischen den aufgrund von Double Bind zunehmenden unreifen Kreuz-Kommunikations- und Interaktionsmustern statt reifer Kommunikation auf Augenhöhe im sach- und lösungsorientierten Erwachsenen-Ich der Transaktionsanalyse und der konzernseitig betriebenen Infantilisierung der Gesellschaft zwecks Schaffung willfähriger, manipulierbarer und damit besser steuerbarer Konsumenten mit dem Ziel konsumbasierter Profitmaximierung bei den Konzernen?

Sind Double Bind, Persönlichkeitsstörungen, Burnout sowie Organizational Burnout hochansteckende Entwurzelungs-Trauma-Folgestörung bzw. eine psychische Seuche / Pandemie der Neuzeit und modernen Leistungsgesellschaft im 21. Jahrhundert aufgrund traumabedingter, frühkindlicher Bindungs- und Beziehungsstörungen mit transgenerationeller Weitergabe?

Ist diese *Double Bind-Pandemie* Ursache der aufgrund der durch die Globalisierung länder-, kontinente- und organisationsübergreifenden Infiltration mit Corporate Psychopaths wegen des damit einhergehenden Exports einer rein *shareholder-value-*fixierten Markt- und Gewinnmaximierungssicht **statt** einer *value-orientierten und an menschlichen und umweltschonend-nachhaltigen Werten ausgerichteten inneren Haltung?*

Sehen wir uns nun – nach weitgehender Eindämmung bzw. wenigstens (bis zu nächsten Mutationen der Erreger noch) überwiegenden Beherrschung physischer Seuchen und Krankheiten durch moderne Technologie, Wissenschaft und Medizin – einer sich rasant ausbreitenden, bisher uneindämmbar erscheinenden *Psycho-Pandemie – ausgelöst durch Psycho-Viren* wie den *toxischen Double Bind-Virus* – gegenüber, für welche wir erst noch Gegenmittel, Impfstoffe und Heilmethoden finden müssen, um uns nicht mittelfristig wie jedes Double Bind-System selbst abzuschaffen?

Welche *Gegenmittel / Impfstoffe / mental-psychologischer Input* (Coping-Strategien; Resilienz; Vulnerabilitätsverringerung?) können wir dagegen *entwickeln? Welche bestehen schon* bzw. müssen praktiziert werden gegen diese Double Bind-Seuche, werden aber nicht verwendet, ignoriert, vielleicht sogar bewusst niedrig gehalten?

Mögliche Impfstoffe / Impfstoffbestandteile: Transparenz, offene Kommunikation, Metakommunikation und Offenlegen der Paradoxien, Mut, Authentizität, Ehrlichkeit, Klarheit, klare Entscheidungen unter Inkaufnahme von „einem" Unzufriedenen und „einem" Zufriedenen statt „zwei Unzufriedenen" aufgrund der Double Bind-immanenten „faulen" Kompromisse. Bedingungslose Akzeptanz und letztlich Menschen-Liebe sowie Liebe zur Schöpfung insgesamt.

Kern-Impfstoff wäre: ein/e gesunde/s, auf sicheren Bindungsstrukturen fußende/s Selbstbewusstsein, Selbstwertgefühl und Identität mit Wertesystem-Basis, ein achtsamer und auf Nachhaltigkeit, Werteorientierung, Empathie, Werte-Gemeinschaft und Mit-Menschlichkeit ausgerichteter (von allen! entsprechend praktizierter) Lebensstil in einer für alle lebenswerten Umwelt statt lediglich auf persönlicher Macht- und Geld-Gier basierenden Gewinnmaximierungsstreben – wobei darin gerade die Herausforderung, wenn nicht sogar die Unmöglichkeit liegen dürfte, weil Bescheidenheit und Selbstbeschränkung offenbar im „modernen" Menschen nicht angelegt zu sein scheinen! – wäre er wirklich modern, handelte er mit Weitsicht!

Sind im Zeitalter der Virtualität auch die Viren virtuell, weil psychisch statt physisch?

Der virtuelle Double Bind-Pandemie-Virus, der Entwurzelungs-Traumata-bedingt jeden und alles in der globalisierten, virtuell vernetzten, ausschließlich auf Leistung und Gewinnmaximierung ohne Rücksicht auf Ressourcen-Verluste programmierten Welt erfasst? Mit der Selektionsfolge entweder gemäß der virtuell-evolutionären „Überlebens-Notwendigkeit" zum gefühllosen Psychopathen, gar Maschinenmenschen (Arbeits- und Leistungsmaschine?), zu mutieren oder in den Wahnsinn, psycho-somatische, somatische Krankheiten oder den Freitod aus Protest getrieben zu werden und auf diese Weise selektiert zu werden?

In frühere Gesellschaften erfolgte der Autonomie-Eingriff durch physische Versklavung. Ist Double Bind-Kommunikation die Fortsetzung der Versklavung mit anderen – psychischen – Druck-Mitteln? Double Bind als internalisiertes Pendent zur *Thought Police* (Gedankenpolizei) aus *1984* (George Orwell 2002), weil eigenständiges Denken in totalitären Double Bind-Systemen genauso wenig zu existieren hat wie eine eigene Meinung?

Double Bind als Wegbereiter der weltweit zunehmenden totalitären Systeme, Fundamentalismen und Totalitarismen, der totalen Globalisierung und totalen Unterwerfung unter das Diktat und die Diktatur von Markt-Macht und Großkapital? – Mit Gewinnmaximierung als oberstes und einziges „Werte"-System-Substitut psychopathischer Corporations, verwaltet durch Corporate Psychopaths als deren Helfer und Steigbügelhalter, beide Ebenen (Corporation und Corporate Psychopaths) jeweils geprägt durch Abwesenheit jedes Gewissens, Moral oder Wertesystems ohne jede Nachhaltigkeit oder einen Gedanken an die Folgen für alle Ressourcen?

Ganz im Sinne des, einem amerikanischen Ureinwohner zugeschriebenen Ausspruchs, dass Geld am Ende des Tages, wenn alle natürlichen Ressourcen aufgebraucht oder vergiftet sind, nicht gegessen werden kann?

Stehen wir am Scheideweg der totalen Virtualisierung, einer umfassenden virtuellen Welt mit „fake(d) reality" mit totalem Identitätsverlust *(Identity loss),* durch welchen wir *und* unsere Identität zugleich verloren sind *(Identity – lost),* was die kollektiven, grassierenden Depressionen angesichts des seelenlosen, verlorenen Seins, der ausgelöschten Seele und Identität (auch zu finden im Symbol der „Dementoren" *(Dementors)* in der Harry Potter-Heptalogie, Rowling, 1999) erklärt?

Mit:

- Virtuellen Daten
- Virtuellen Realitäten (virtual reality; für *alle* Lebensbereiche, „fake(d) news")
- Virtuellen Identitäten (Avatare; Virtual reality-Spiele-Pseudo-Identitäten; „faked identity")
- Virtuellen „Persönlichkeiten", die schon lange keine (mehr) sind
- Virtueller, künstlicher Intelligenz (*Google Brain:* Google schloss 2012 16.000 Computerkerne zusammen und erreichte eine selbstständig lernende künstliche Intelligenz; Schulz 2015); aber kann diese Künstliche Intelligenz (KI)

auch denken? – vom Treffen einer moralbasierten Gewissensentscheidung ganz zu schweigen!

- Virtuelle „Menschen"?
- An dieser Stelle wird sich entscheiden, ob der Mensch mit Menschlichkeit, Über-Ich, Gewissen und Wertevorstellungen überhaupt noch eine Chance hat. Denn:
- Wird der biologische Mensch mit Wertesystem durch virtuelle „Mensch"-Maschinen („Cyber-Menschen"), künstliche Intelligenz (KI) ohne Wertesystem, Gewissen, Moralvorstellungen oder an Menschlichkeit / Humanität / Humanismus orientiertem Wertesystem substituiert?
- Sind die sich weltweit etablierenden Psychopathen die evolutionäre Zwischenstufe vom Menschen zu den Androiden, welche nach Überzahl und Macht-Übernahme die biologische Menschheit – gewissenlos, weil Psychopathen ohne jedes Wertesystem – versklaven und dann die Welt übernehmen?

Sehen wir uns einer weiteren *Parallelentwicklung* gegenüber?

- *Biologische „Virolution" (Ryan 2010) durch körperliche Viren – Virtualisierung der Virolution durch virtuelle, psychische Viren (z. B. Double Bind)?*
- Der Ansatz der Virolution geht davon aus, dass physische (reale) Viren zur Evolution, und damit auch für die Entwicklung der Existenz des Menschen notwendig waren (Ryan 2010).
- Findet gerade eine Virtualisierung der Virolution durch virtuelle, nicht-stoffliche (z. B. toxische Double Bind-) Psycho-Viren statt, welche die psychologische Ebene für die technisch-maschinelle Wegbereitung künstlicher „Menschen" – Androiden; Roboter; Künstlicher Intelligenz (KI) – sind?
- Wechselt die Virolution von der körperlich-realen Ebene zur virtuell-algorithmischen Ebene? – Ohne den Menschen und die Menschlichkeit / Humanität / den Humanismus mitzunehmen?
- Welche dann aufgrund extremer Hochintelligenz (auch Psychopathen sind ggf. hochintelligent) gepaart mit der Gewissenlosigkeit des dann künstlichen Psychopathen die biologische Menschheit versklaven und letztlich – kraft „virtueller Virolution" evolutionsmäßig „überholen" und schließlich abschaffen; so dass die Menschheit einschließlich ihres Wertesystems als Ganzes von der Welt verschwindet und durch künstliche, gewissenlose, virtuelle Intelligenz substituiert wird?
- So dass die *Erfindung der künstlichen Intelligenz (KI)* – mit, wie von mir hier vermutet: psychopathischem „Psychogramm" – wegen der dann absehbaren Abschaffung der Menschheit vermutlich *seine letzte Erfindung wäre,* wie von Barrat (2013) konstatiert?

Oder gibt es Hoffnung?

- Wie z. B. im *Film „Der 200 Jahre Mann"?* Dort leben bereits Menschen und Maschinen-Menschen (Androiden) symbiotisch (noch sind die Maschinen-Menschen die „Versklavten") zusammen, allerdings sind die meisten dieser Androiden ohne Gefühl (Empathie), ohne Gewissen / Über-Ich, ohne Persönlichkeit oder Identität und funktionieren nur gemäß ihrer Programmierung und Algorithmen.

- Aber es gibt den einen, der anders ist, und es anders haben und machen will: den 200-Jahre-Mann, „Andrew", bezeichnenderweise von einem Kind so „getauft", um ihm mehr „Menschlichkeit" zu geben.

- Er erhält mit Hilfe von Technik-Tools eine umfassende menschliche Gefühls-welt, allerdings um den Preis der eigenen Sterblichkeit.

- Und Sterblichkeit ist etwas, was die literarische *Inkarnation der Vollausprä-gung des Psychopathen: Voldemort – mit Schmeicheln, Drohungen, Miss-brauch anderer solange sie ihm nützlich sind, bis hin zu Mord aus Habgier, für welche er Unschuldige zur Verantwortung ziehen lässt* – in der *Harry Potter-Heptalogie* (Rowling 1–7) alle sieben Bände hindurch um jeden Preis vermeiden will. Auch in diesem Werk erscheint am Ende der Hoffnungsschim-mer, dass ihm dies nicht gelingt, weil Menschlichkeit, Werte und Zusammen-stehen gegen dieses Böse siegen können.

- Große Werke entstehen immer, wenn die Zeit reif für sie ist mit den entspre-chenden Themen der jeweiligen Zeit. Der unglaubliche weltweite Erfolg dieser Heptalogie dürfte sich in weiten Teilen – neben dem überragenden Erzähl-talent Rowlings – aus der weltweiten Sehnsucht nach Authentizität, heiler Bindung und Beziehungskonstellationen, menschenrechtlich-basierten Wer-ten und Freiheit von Krieg, Terror und anderen Bedrohungslagen erklären – aus der Sehnsucht heraus nach Freiheit von Traumatisierungsursachen und -umständen. Letztlich nach innerem und äußeren Frieden.

Film wie Heptalogie entstammen der Fantasie- und Zauberwelt. –

Wie wird es für uns in der Realität – ohne Drehbuch und Zauberkünste – ausgehen?

Was Sie aus diesem *essential* mitnehmen können

- *Die Hypothese: Burnout und Organizational Burnout – in Wahrheit eine Double Bind-induzierte Arbeitsbindungs- und Arbeitsbeziehungsstörung?*
- *Gedankenanregungen zu „Double Bind – eine Selbstwertvernichtungsmaschinerie mit katastrophalen Folgen für Personen wie Organisationen und alle einzigartigen, wertvollen, endlichen Ressourcen unseres blauen Planeten"?*
- *Ergebnisse einer Recherche über die sich objektiv und subjektiv ständig verschlechternden psychischen, psycho-somatischen und physischen Arbeits- und Lebensumstände vieler Menschen.*
- *Die Überlegung, dass Double Bind und die darauf basierende Beziehungsstörung den zunehmenden Werteverlust und damit die Selbstzerstörung der globalen Double Bind-Gesellschaft anheizt.*
- *Dass ein Umdenken und eine Umkehr mehr als überfällig sind.*

© Springer Fachmedien Wiesbaden GmbH, ein Teil von Springer Nature 2018   55
A. Kutz, *Double-Bind-Kommunikation als Burnout-Ursache,* essentials,
https://doi.org/10.1007/978-3-658-21917-8

Literatur

Argyris, C. (2002). Double-loop learning, teaching, and research. *Academy of Management Learning & Education, 1*(2), 206–218. https://doi.org/10.5465/AMLE.2002.8509400.

Babiak, P. (1995). When psychopaths go to work: A case study of an industrial psychopath. *Applied Psychology, 44*(2), 171–188. https://doi.org/10.1111/j.1464-0597.1995.tb01073.x.

Babiak, P., Hare, R. D., & Proß-Grill, I. (2007). *Menschenschinder oder Manager: Psychopathen bei der Arbeit.* München: Hanser. http://www.gbv.de/dms/faz-rez/SD1200703181014771.pdf.

Barrat, J. (2013). *Our final invention: Artificial intelligence and the end of the human era* (1. Aufl.). New York: St.Martin's Press Thomas Dunne Books.

Bateson, G., Jackson, D. D., Haley, J., & Weakland, J. (1956). Toward a theory of schizophrenia. *Behavioral Science, 1*(4), 251–264. https://doi.org/10.1002/bs.3830010402.

Bergner, T. (2016). *Burnout-Prävention: Erschöpfung verhindern – Energie aufbauen – Selbsthilfe in 12 Stufen* (3., überarbeitete und aktualisierte Aufl.). Stuttgart: Schattauer.

Boddy, C. R. (2005). The implications of corporate psychopaths for business and society: An initial examination and a call to arms. http://www.nowandfutures.com/large/ImplicationsOfCorporatePsychopaths%28boddy%29.pdf.

Boddy, C. R. P. (2010). Corporate psychopaths and organizational type. *Journal of Public Affairs, 10*(4), 300–312. https://doi.org/10.1002/pa.365.

Boddy, C. R. (2011a). The corporate psychopaths theory of the global financial crisis. *Journal of Business Ethics, 102*(2), 255–259. https://doi.org/10.1007/s10551-011-0810-4.

Boddy, C. R. (2011b). Corporate psychopaths, bullying and unfair supervision in the workplace. *Journal of Business Ethics, 100*(3), 367–379. https://doi.org/10.1007/s10551-010-0689-5.

Boddy, C. R. (2014). Corporate psychopaths, conflict, employee affective well-being and counterproductive work behaviour. *Journal of Business Ethics, 121*(1), 107–121. https://doi.org/10.1007/s10551-013-1688-0.

Boddy, C. R., & Taplin, R. (2016). The influence of corporate psychopaths on job satisfaction and its determinants. *International Journal of Manpower, 37*(6), 965–988. https://doi.org/10.1108/IJM-12-2015-0199.

© Springer Fachmedien Wiesbaden GmbH, ein Teil von Springer Nature 2018   57
A. Kutz, *Double-Bind-Kommunikation als Burnout-Ursache,* essentials,
https://doi.org/10.1007/978-3-658-21917-8

Brown, M. E., & Mitchell, M. S. (2010). Ethical and unethical leadership: Exploring new avenues for future research. *Business Ethics Quarterly, 20*(04), 583–616. https://doi. org/10.5840/beq201020439.

Buchheim, A. (2013). Borderline-Persönlichkeitsstörung und Bindungserfahrungen. In M. Lohmer & O. F. Kernberg (Hrsg.), *Trauma, Borderline. Borderline-Therapie. Psychodynamik, Behandlungstechnik und therapeutische Settings* (3. Aufl., S. 158–167). Stuttgart: Schattauer GmbH Verlag für Medizin und Naturwissenschaften.

Burisch, M. (2014). *Das Burnout-Syndrom.* Berlin: Springer.

Caplan, R. D. (1987). Person-environment fit theory and organizations: Commensurate dimensions, time perspectives, and mechanisms. *Journal of Vocational Behavior, 31*(3), 248–267. https://doi.org/10.1016/0001-8791(87)90042-X.

Cierpka, M. (Hrsg.). (2012). *Frühe Kindheit 0–3: Beratung und Psychotherapie für Eltern mit Säuglingen und Kleinkindern; mit 12 Tabellen.* Berlin: Springer Medizin. http:// www.socialnet.de/rezensionen/isbn.php?isbn=978-3-642-20295-7.

Collatz, A., & Sachse, R. (2011). *Klärungsorientiertes Coaching.* Göttingen: Hogrefe. http://www.socialnet.de/rezensionen/isbn.php?isbn=978-3-8017-2391-0.

Drouillard, S. E., & Kleiner, B. H. (1996). „Good" leadership. *Management Development Review, 9*(5), 30–33. https://doi.org/10.1108/09622519610131554.

Furnham, A. (2008). Bullying at work. In A. Furnham (Hrsg.), *Head & heart management* (S. 35–37). London: Palgrave Macmillan. https://doi.org/10.1057/9780230598317_11.

Furtner, M. (2017). *Dark Leadership: Narzisstische, machiavellistische und psychopathische Führung. essentials.* Wiesbaden: Springer Fachmedien. http://dx.doi. org/10.1007/978-3-658-18189-5.

Geddes, H. (2012). Understanding disorganised attachment: Theory and practice for working with children and adults by David Shemmings and Yvonne Shemmings. *Emotional and Behavioural Difficulties, 17*(1), 102–103. https://doi.org/10.1080/13632752.2012.652434.

Giacalone, R. A., & Promislo, M. D. (2010). Unethical and unwell: Decrements in well-being and unethical activity at work. *Journal of Business Ethics, 91*(2), 275–297. https://doi.org/10.1007/s10551-009-0083-3.

Greve, G. (2015). *Organizational burnout.* Wiesbaden: Gabler.

Gruen, A. (2013). *Der Wahnsinn der Normalität: Realismus als Krankheit: eine Theorie der menschlichen Destruktivität* (ungekürzte Ausg., 18. Aufl.), *dtv Dialog und Praxis: Vol. 35002.* München: Deutscher Taschenbuch Verlag.

Harvey, M. G., Heames, J. T., Richey, R. G., & Leonard, N. (2006). Bullying: From the playground to the boardroom. *Journal of Leadership & Organizational Studies, 12*(4), 1–11. https://doi.org/10.1177/10717919060120040l.

Harvey, M., Treadway, D., Heames, J. T., & Duke, A. (2009). Bullying in the 21st century global organization: An ethical perspective. *Journal of Business Ethics, 85*(1), 27–40. https://doi.org/10.1007/s10551-008-9746-8.

Kaluza, G. (2012). *Gelassen und sicher im Stress.* Berlin: Springer.

Kratzer, N. (2012). Burn-out: Fehldiagnose oder Epidemie? https://www.aerzteblatt.de/ pdf/109/45/a2246.pdf.

Kuhn, T., & Weibler, J. (2014). Die egomanische Organisation: Auszehrung der Mitarbeiter als Folge einer unethischen Führung. In D. von der Oelsnitz, F. Schirmer, & K. Wüstner (Hrsg.), *Die auszehrende Organisation* (S. 113–131). Wiesbaden: Springer Fachmedien. https://doi.org/10.1007/978-3-658-05307-9_6.

Kutz, A. (2016). *Toxische Kommunikation als Krankheitsursache in Unternehmen: Das Double Bind-Phänomen – eine Einführung für Führungskräfte, Berater, Coaches. essentials*. Wiesbaden: Springer. http://dx.doi.org/10.1007/978-3-658-12892-0.

Kutz, A. (2017). How to avoid destroying your employees and organisations due to burnouts, braindrain and fading performance? Stop double bind-communication in your organisation! *Journal of Organization Design, 6*(1), 115. https://doi.org/10.1186/s41469-017-0015-0.

Lalouschek, W. (2016). Fallbeispiele zum Thema Burnout. *psychopraxis. neuropraxis, 19*(5), 164–169. https://doi.org/10.1007/s00739-016-0341-y.

Lilienfeld, S. O., Watts, A. L., & Smith, S. F. (2015). Successful psychopathy. *Current Directions in Psychological Science, 24*(4), 298–303. https://doi.org/10.1177/0963721415580297.

Lipman-Blumen, J. (2005). The allure of toxic leaders: Why followers rarely escape their clutches. https://assess.connectiveleadership.com/documents/why_followers_rarely_escape_their_clutches.pdf.

Lohaus, A., & Vierhaus, M. (2015). *Entwicklungspsychologie des Kindes- und Jugendalters für Bachelor* (3., überarb. Aufl.), *Lehrbuch*. Berlin: Springer. http://dx.doi.org/10.1007/978-3-662-45529-6.

Luhmann, N. (2008). The world society as a social system. *International Journal of General Systems, 8*(3), 131–138. https://doi.org/10.1080/03081078208547442.

Mehta, S., & Maheshwari, G. C. (2013). Consequence of toxic leadership on employee job satisfaction and organizational commitment. *The Journal Contemporary Management Research, 8*(2), 1–23.

Michie, S. (2003). Reducing work related psychological ill health and sickness absence: A systematic literature review. *Occupational and Environmental Medicine, 60*(1), 3–9. https://doi.org/10.1136/oem.60.1.3.

O'Boyle, E. H., Forsyth, D. R., Banks, G. C., & McDaniel, M. A. (2012). A meta-analysis of the dark triad and work behavior: A social exchange perspective. *Journal of Applied Psychology, 97*(3), 557–579.

Oelsnitz, D. von der. (2014). Die frustrierende Organisation: Ungeschicktes Job Design und forcierte Entfremdung. In D. von der Oelsnitz, F. Schirmer, & K. Wüstner (Hrsg.), *Die auszehrende Organisation* (S. 89–112). Wiesbaden: Springer Fachmedien. https://doi.org/10.1007/978-3-658-05307-9_5.

Orwell, G. (2002). *1984: A novel; revised and updated bibliography* (Nachdr.). New York: Signet.

Paulhus, D. L., & Williams, K. M. (2002). The dark triad of personality: Narcissism, Machiavellianism, and psychopathy. *Journal of Research in Personality, 36*(6), 556–563. https://doi.org/10.1016/S0092-6566(02)00505-6.

Peseschkian, N. (2002). *Psychosomatik und positive Psychotherapie: Transkultureller und interdisziplinärer Ansatz am Beispiel von 40 Krankheitsbildern* (5. Aufl., ungekürzte Ausg). *Fischer-Taschenbücher Geist und Psyche: Vol. 11713*. Frankfurt a. M.: Fischer Taschenbuch.

Riechert, I. (2015). *Psychische Störungen bei Mitarbeitern*. Berlin: Springer.

Rowling, J. K. (1999). *Harry Potter and the prisoner of Azkaban*. London: Bloomsbury.

Ryan, F., & Kamphuis, A. (2010). *Virolution: Die Macht der Viren in der Evolution*. Heidelberg: Spektrum Akademischer Verlag.

Sachse, R. (2000). Persönlichkeitsstörung als Interaktionsstörung: Der Beitrag der Gesprächspsychotherapie zur Modell-Bildung und Intervention. *Psychotherapie, 5*(2), 282–292.

Sachse, R., & Collatz, A. (2015). *Spaß an der Arbeit trotz Chef: Persönlichkeitsstile verstehen, Kommunikation erfolgreich und gesund mitgestalten.* Berlin: Springer. http://search.ebscohost.com/login.aspx?direct=true&scope=site&db=nlebk&AN=1045217.

Sachse, R., Sachse, M., & Fasbender, J. (2011). *Klärungsorientierte Psychotherapie der narzisstischen Persönlichkeitsstörung.* Praxis der Psychotherapie von Persönlichkeitsstörungen: Vol. 2. Göttingen: Hogrefe.

Sack, M. Sachsse, U., & Dulz, B. (2013). Ist die Borderline-Persönlichkeitsstörung eine Traumafolgestörung? In M. Lohmer & O. F. Kernberg (Hrsg.), *Trauma, Borderline. Borderline-Therapie. Psychodynamik, Behandlungstechnik und therapeutische Settings* (3. Aufl., S. 197–202). Stuttgart: Schattauer GmbH Verlag für Medizin und Naturwissenschaften.

Sautter, C., & Sautter, A. (2014). *Wege aus der Zwickmühle: Doublebinds verstehen und lösen (5* (überarb Aufl.). Wolfegg: Verlag für Systemische Konzepte.

Schilling, J., & May, D. (2015). Organisationaler Zynismus: Destruktive Einstellungen von Mitarbeitern verhindern. In R. van Dick & J. Felfe (Hrsg.), *Handbuch Mitarbeiterführung: Wirtschaftspsychologisches Praxiswissen für Fach- und Führungskräfte* (S. 1–12). Berlin: Springer. https://doi.org/10.1007/978-3-642-55213-7_33-1.

Schirmer, F., Oelsnitz, D. von der, & Wüstner, K. (2014). Leistung und Gesundheit in einer anspruchsvollen Arbeitswelt. In D. von der Oelsnitz, F. Schirmer, & K. Wüstner (Hrsg.), *Die auszehrende Organisation* (S. 3–12). Wiesbaden: Springer Fachmedien. https://doi.org/10.1007/978-3-658-05307-9_1.

Schulz, T. (2015). *Was Google wirklich will: Wie der einflussreichste Konzern der Welt unsere Zukunft verändert* (3. Aufl.). München: Deutsche Verlags-Anstalt & Spiegel-Verlag. http://www.gbv.de/dms/faz-rez/FD1201603214812525.pdf.

Schulz von Thun, F. (2016). *Störungen und Klärungen: Allgemeine Psychologie der Kommunikation* (53. Aufl., Originalausgabe), *Rororo: Vol. 17489.* Reinbek bei Hamburg: Rowohlt Taschenbuch.

Seligman, M. E. (2016). *Erlernte Hilflosigkeit: Anhang: „Neue Konzepte und Anwendungen'von Franz Petermann* (5., neu ausgestattete Auflage). Weinheim: Beltz J. http://www.beltz.de/de/nc/verlagsgruppebeltz/gesamtprogramm.html?isbn=978-3-621-28391-5.

Sende, K. (2014). Die ungerechte Organisation: Die Bedeutung des Gerechtigkeitserlebens für Gesundheit und Arbeitssicherheit. In D. von der Oelsnitz, F. Schirmer, & K. Wüstner (Hrsg.), *Die auszehrende Organisation* (S. 67–88). Wiesbaden: Springer. https://doi.org/10.1007/978-3-658-05307-9_4.

Siegrist, J. (2011). Berufliche Gratifikationskrisen und depressive Störungen. *Psychotherapeut, 56*(1), 21–25. https://doi.org/10.1007/s00278-010-0793-0.

Singh, J. (2008). Impostors masquerading as leaders: Can the contagion be contained? *Journal of Business Ethics, 82*(3), 733–745. https://doi.org/10.1007/s10551-007-9588-9.

Sinn, H.-W. (2010). *Casino capitalism: How the financial crisis came about and what needs to be done now.* Oxford: Oxford University Press. http://gbv.eblib.com/patron/FullRecord.aspx?p=784775.

Smith, E. K. (1976). Effect of the double-bind communication on the anxiety level of normals. *Journal of Abnormal Psychology, 85*(4), 356–363. https://doi.org/10.1037/0021-843X.85.4.356.

Stark, S., & Maragkos, M. (2014). „Bist Du krank?!" – Psychische Störungen im Arbeitsleben. In S. Hahnzog (Hrsg.), *Betriebliche Gesundheitsförderung* (S. 201–214). Wiesbaden: Springer Fachmedien. https://doi.org/10.1007/978-3-658-02962-3_17.

Stevens, G. W., Deuling, J. K., & Armenakis, A. A. (2012). Successful psychopaths: Are they unethical decision-makers and why? *Journal of Business Ethics, 105*(2), 139–149. https://doi.org/10.1007/s10551-011-0963-1.

Stier-Jarmer, M., Frisch, D., Oberhauser, C., Berberich, G. & Schuh, A. (2016). Wirksamkeit eines Programms zu Stressreduzierung und Burn-out-Prävention. https://www.aerzteblatt.de/pdf.asp?id=183832.

Urs Stäheli. (2016). Auf der Spur der Double Binds. In D. Baecker (Hrsg), *Schlüsselwerke der Systemtheorie* (S. 159–170). Wiesbaden: Springer. https://doi.org/10.1007/978-3-531-20004-0.

Varela, F. G., Maturana, H. R., & Uribe, R. (1974). Autopoiesis: The organization of living systems, its characterization and a model. *Biosystems, 5*(4), 187–196. https://doi.org/10.1016/0303-2647(74)90031-8.

Visser, M. (2003). Gregory Bateson on deutero-learning and double bind: A brief conceptual history. *Journal of the history of the behavioral sciences, 39*(3), 269–278. https://doi.org/10.1002/jhbs.10112.

Watzlawick, P., Beavin, J. H., & Jackson, D. D. (2011). *Menschliche Kommunikation: Formen, Störungen, Paradoxien* (12. unveränd. Aufl.). Bern: Huber. http://ebooks.ciando.com/book/index.cfm/bok_id/240825.

Wehrle, M. (2011). *Ich arbeite in einem Irrenhaus: Vom ganz normalen Büroalltag* (22. Aufl.). Berlin: Econ-Verlag.

Wüstner, K. (2014). Das Individuum in einem auszehrenden Arbeitsumfeld. In D. von der Oelsnitz, F. Schirmer, & K. Wüstner (Hrsg.), *Die auszehrende Organisation* (S. 13–43). Wiesbaden: Springer Fachmedien. https://doi.org/10.1007/978-3-658-05307-9_2.

Zwack, J., & Pannicke, D. (2010). „Surviving the Organisation" Einige Landkarten zur Navigation im ganz normalen organisationalen Wahnsinn. In S. Astrid & S.-L. Christoph (Hrsg.), *Die Organisation in Supervision und Coaching* (S. 111–125). Wiesbaden: VS Verlag für Sozialwissenschaften. https://doi.org/10.1007/978-3-531-92173-0_7.

Printed in the United States
By Bookmasters